外注化／仕組み化の

業務効率UPの教科書

著 山本智也
事務局の鈴木

まえがき

数多くある書籍の中から、本書を手にとって頂きありがとうございます。「ビジネスサイボーグ」こと山本智也です。

クラウドソーシングの登場やテレワークの浸透などから、ビジネスはリアルで会わなくても、ウェブだけでやり取りが完結できる時代となりました。

現在では、動画編集やライティングなどを学び、クラウドソーシングサービスに登録して、副業を行ったり1人で起業する人も増えてきています。ただ、自分のスキルに合わせた仕事の受注しかできないため、単価が低かったり、案件をなかなか受注できなかったりと、思うような結果を出せていない方もいるでしょう。

そのような場合は、本書の中でも紹介しているように「自分自身がクラウドディレクターとして活動すること」で、これまでは自分ではできなかった仕事も受注できるようになります。質の高い仕事をしてくれるクリエイターと一緒に仕事をすれば、さらに仕事の受注範囲は広がるかと思います。

また、クラウドディレクターチームを組成することで、自分が働かなくても勝手にビジネスが回っていくという、不労所得に近いビジネスモデルを構築することも十分可能です。

情報技術の発展によって、社員を雇用するのではなく、クラウドソーシングサービスを利用し、外注した人員でチーム組成することで人件費を削減することができるようになったのです。

「より少ない社員で、より高いパフォーマンスを達成する」

このような、今までの形に縛られない新しい組織。

それが「外注を利用した業務委託型の会社」です。

実際に、私は社員1人ながらクラウドソーシングをうまく活用したことで「年商10億円越え」の会社組織を作り上げることができました。

本書ではその真髄を余すことなくご紹介しています。

外注を使いながらどのように組織を作っていくべきか？

という課題についても、本書の中でも紹介しているクラウドディレクターを採用することで対応するなど、外注組織をより円滑に構築していくための方法などもお伝えしてます。

外注を使うハードルが高いと思われているかもしれないですが、やってみたら案外簡単だったというお声もたくさん頂いています。

ですので本書を読んで仕組みを理解されたら、まずは外注に仕事を依頼するという行動からスタートしてみてください。

また、クラウドソーシングをうまく自分のビジネスに活用できるようになった本書の読者様同士で、優秀なワーカーさんを共有できるようなプラットフォームを作っていけたらと私は考えています。

そこでは、外注を使いながらビジネスを行うということをスタンダードにできた方に向けて、業務効率化のためのＡＩの活用術、外注の管理方法といったさらに有効な情報を伝えていけたらと考えています。

外注化を活用することによって、皆様のビジネスを加速させていくことができれば幸いです。

山本智也

目次

PART 2

2章

どのような業務を依頼できるのか？

65

PART 3

3章 クラウドソーシング活用例

PART 4

4章

クラウドソーシング活用テクニック

Hp制作／ライティング／デザイン／動画制作

PART 5

5章 外注化をよりスムーズに進めるクラウドディレクター

PART 6
6章
AIを活用して外注化を加速させる

PART 7

7章 ビジネス事例、全部見せます

読者様へのスペシャル特典

スマート経営を実践していくにあたって一番重要なのが外注での組織化。外注をどのように使っていくかということももちろん大事ですが、優秀な外注さんを探すということが一番骨が折れる作業です。

外注さん探しっていうのは、もはや宝探しに近いんですよね。ずっと探し続けて優秀なそして相性のいい外注さんを見つける。そして、その外注さんと長期で付き合いをし、意思疎通していく。このように外注さんをどんどん育てていくからこそビジネスも拡大していくのです。

そのような優秀な外注さんをどのように探せばいいのか？これが一番ネックになってくるのですが、各業種ごとに各ジャンルごとにこの外注さんがおすすめというリストを作っているものがあります。今回はこの書籍を手に入れた方に特別に、外注さんのリストをシェアしようと思います。つまり優秀な外注さんを共有できる場所があるということです。

ただあまりにも反響があった場合、私が依頼もできなくなってしまうので、人数を絞ってご案内しようと思います。早い者勝ちとなりますので、優秀な外注さんリストをシェア希望の方は以下の QR から LINE 登録をしておいてください。

LINE 登録はこちら
↓ ↓ ↓

1章

PART 1

業務を効率化する

なぜ業務を外注化した方がいいのか？

業務スピードを向上させる

さて、1章では「外注化戦略」の基礎の部分、「業務を外注化することでどんなメリットがあるのか」についてお話していきます。

まず根本的な話ですが、**ビジネスは「分業」が基本です。**フリーランスのデザイナーやエンジニアなど、自分一人で完結するような仕事は別として、「サイトを運用しよう」「製品を作って売ろう」といったように、ビジネスの規模が大きくなるほど、一人ですべての業務を賄うのは無理が出てきます。そのため、「営業」「制作」「経理」といったように、**仕事内容を分けて複数の人と協力しながら進めた方が効率的です。**

従来、こうした分業を行う際には「人を雇う」のがオーソドックスな方法でした。しかし、人を雇用する場合、必ず雇用契約に従って決められた期間や時間で働いてもらうことになります。

例えば9時〜18時までの契約の場合、雇用者側はその時間以外に働く必要はありませんし、それ以外の時間に仕事をする場合、雇用主は残業代を支払う必要があります。

そのため、とても当たり前の話かもしれませんが、あなたが仮に社長で、ある日、夜中に突然ビジネスに関してよいアイデアを思い付いたとしても、夜中に突然「今すぐこのプロジェクトを進めてくれ」と社員に連絡して働かせることは違法になってしまうのです。

つまり、**通常の雇用契約において、1日、1週間、1ヶ月という単位の中で人を動かせる時間には限りがあるということです。**

一方、クラウドソーシングを利用して業務を外注した場合はどうでしょうか。基本的にそのような場合、発注側と受注側で雇用契約を結んでいるわけではありません。そのため、**発注側が指定する「〇〇日まで」という仕事の期限はあっても、受注側がその作業をいつ、どんな場所でやるのかは自由に決めることができます。**

例えば、昼間は本業に従事していて、夕方から夜にかけて稼働するワーカーもいるでしょうし、反対に専業主婦（夫）で子どもを保育園に預けている昼間の時間に作業を進めるワーカーもおり、受注側の事情はそれぞれです。

つまり、一つの案件を複数人で進める場合でも、次のようなワーカーの候補がいます。

①6時～14時まで稼働できるワーカー
②14時～22時まで稼働できるワーカー
③22時～6時まで稼働できるワーカー

こうしたワーカーそれぞれ業務を依頼することができれば、365日24時間ビジネスを動かすことができます。社員を雇っている場合と比較して、**単純計算で3倍、もしくはそれ以上にビジネスのスピードをアップさせることができるのです。**

これらは極端な例ですが、例えば「新規の案件で、あと一人動かせる人材がいたらプロジェクトを進めることができるのに……」といったような状況になるのはビジネスではよくある話です。そうしたときに追加

クラウドソーシングを活用すれば24時間ビジネスを動かせる

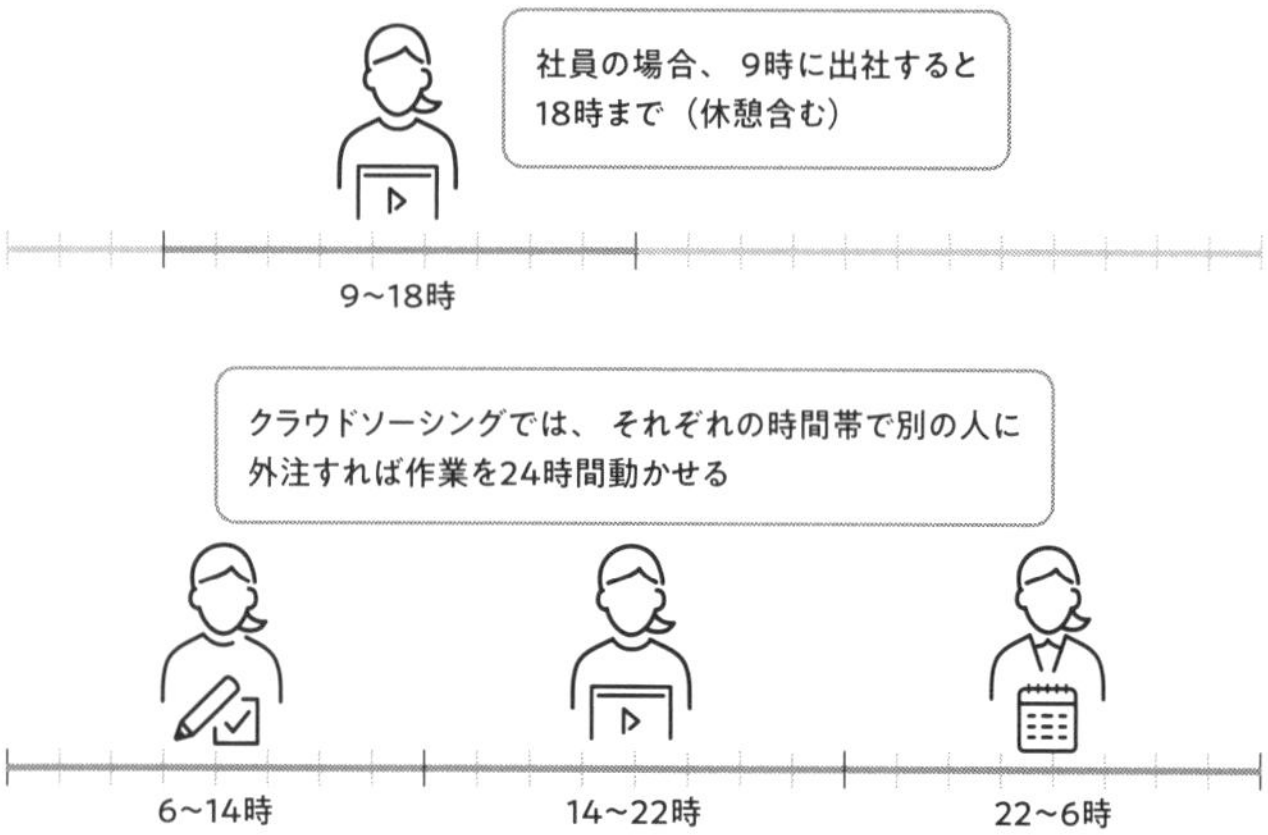
社員の場合、 9時に出社すると
18時まで（休憩含む）
9～18時
クラウドソーシングでは、 それぞれの時間帯で別の人に
外注すれば作業を24時間動かせる
6～14時
14～22時
22～6時

で社員を雇おうとして採用面接から始めようとすると、とにかく時間がかかります。

　そんなときにクラウドソーシングという選択肢を持っていれば、早ければ次の日からでも作業を分担することができます。そうした意味でも**外注化は「業務スピードの向上」に役立つということがお分かりになるでしょう。**

専門性のある人材を必要なときだけ雇える

また、**外注化は業務の流動性を向上させたりコストを抑えることができる**という点もメリットの一つです。

例えば「LP（ランディングページ）制作」の事例で考えてみましょう。LPは自社の商品やサービスをインターネット上で宣伝する縦長の1ページサイトのことですが、制作にあたって必要な3つのスキルを次のページにまとめました。

①コーディングスキル（HTML、CSS、JavaScript）
↓ウェブページをスムーズに見られるようにしたり、動きのある要素を組み込んだりする技術。
②デザインスキル
↓画像の配置や、フォントなどを工夫し、ユーザーに商品やウェブページをより魅力的に見せる技術。
③セールスライティングスキル
↓キャッチコピーや文章を工夫し、ユーザーに商品をより魅力的に伝える技術。

それぞれのスキルは全く別の領域なので、①〜③すべてをビジネスレベルでこなせる人材は稀です。仮に社内に①のスキルがあるエンジニアを雇用していたとしても、その人材が②や③のスキルを持っているわけではないので、ユーザーの目を引くデザインや訴求力のあるコンテンツを作れるわけではありません。

そのため、自社内だけで完成度の高いＬＰを作りたいのであれば、①～③のスキルを持つ人材を個別で雇う必要がありますが、仮にそれぞれを月／20万円で雇ったとしても、ＬＰ制作の必要性がないタイミングでは人件費が無駄になります。

そうなると「少し値段は張るけれど、１００万円くらいで専門のＬＰ制作会社に依頼した方が手間もかからないしいいか……」という結論に至る場合も多いでしょう。

つまり、**社員を雇用する場合、一人一人がある特定の分野におけるスキルを持っていたとしても、それ以外の分野をカバーできるようなマルチプレイヤーではない**ため、業務に求められるスキルを持つ人材を個別で雇用する必要があります。

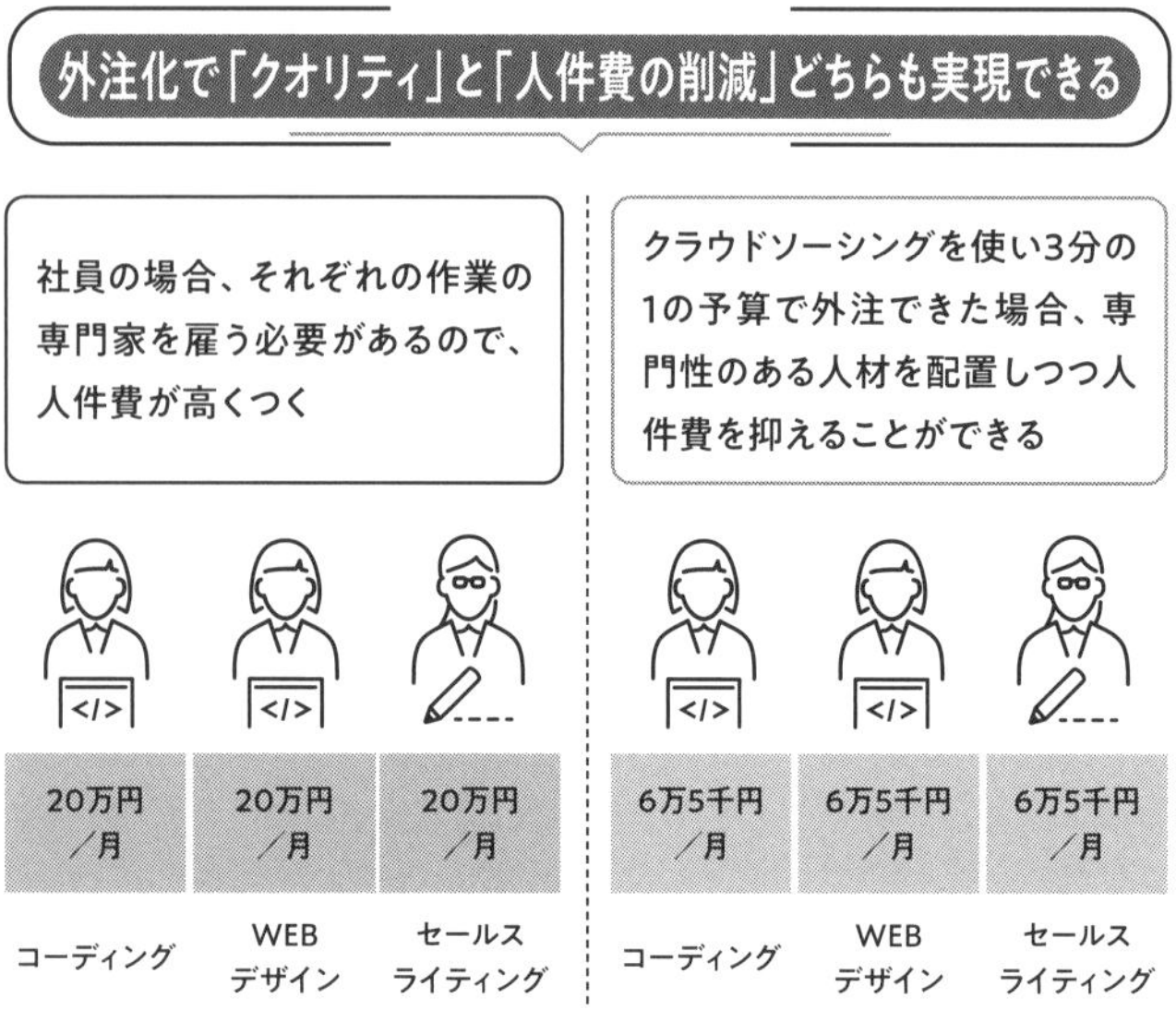
外注化で「クオリティ」と「人件費の削減」どちらも実現できる
社員の場合、それぞれの作業の専門家を雇う必要があるので、人件費が高くつく
クラウドソーシングを使い3分の1の予算で外注できた場合、専門性のある人材を配置しつつ人件費を抑えることができる
</>
</>
20万円／月
20万円／月
20万円／月
コーディング
WEBデザイン
セールスライティング
</>
</>
6万5千円／月
6万5千円／月
6万5千円／月
コーディング
WEBデザイン
セールスライティング

一方、クラウドソーシングを活用して外注化を行うと、**先ほどの①〜③それぞれのスキルに専門性のある人材を「必要なタイミングで必要な人数だけ」雇うことができます。**

「餅は餅屋」という言葉がありますが、仮に月20万円で1人の社員を雇うことができる予算があれば、月6万5千円でそれぞれのスキルを備えた

3人のプロフェッショナルに依頼した方が、より効率的に業務を回すことができ、かつ仕事がない状況で人件費を無駄に支払う必要もなくなります。

その上で、ワーカーの管理をしっかりと行うことができれば、専門の業者に依頼するようなクオリティを確保しつつ、人件費を抑えることができます。

また、通常の雇用契約の中では、一度人を雇用すると簡単に解雇することができません。例えば業績が悪化したり、任せられる仕事がない場合などには、「人を雇っている」こと自体が人件費を圧迫する要因となります。

さらに給与のほかにも、社会保険や厚生年金などのコストも当然かかりますが、外注した場合はこうした費用は基本的にはかかりません。

このように、**外注化は流動的に人材を確保しつつ、人件費を下げることができる**というメリットがあるのです。

外注化できる職種の例

 **軽作業**	インターネットでの名簿集め、アンケートの電子化、データ入力作業など
 **ライター**	セールスライター、書籍ライター、シナリオライターなど
 **デザイナー**	名刺デザイン作成、イラストデザイン、LINE のスタンプ作成、スライド動画のためのパワポデザインなど
 **エンジニア**	アプリエンジニア、システムエンジニア、サーバーサイドエンジニアなど
 **動画編集**	主に YouTube で、内容としてはマンガ系の編集、アニメーションを使った編集、セミナー動画の編集、エンタメ系の編集など

あらゆる分野の専門家に仕事を依頼できる

また、先程はLP制作を例に出しましたが、**クラウドソーシングではエンジニアやデザイナー以外にも様々な分野の仕事を発注することができます。**詳しい業務内容や発注金額などは2章で解説しますが、ここでは私が関わることが多い人材をおおまかに紹介しておきます。

前のページの図で紹介した職種はあくまで一例ですが、クラウドソーシングを活用することで、プロジェクトごとに様々なワーカーに依頼を行うことができるのです。

先述したように、仮に社員を雇っていたとしても、その人にはすでに従事してもらっている仕事があり、基本的に手が空いているわけではありません。

一方でクラウドソーシングで募集を行えば、**基本的にどんな専門的な依頼内容であっても暇な人（すぐに仕事に取り掛かってもらえる人）を見つけることができます。**そうして、適した人材を業務に上手く割り当てることができれば、作業スピードやクオリティの大幅な向上が見込めます。

また、クラウドソーシングでは、先ほどの図で紹介した軽作業のように**「専門的でない業務だが、誰かに振りたい仕事」を外注できるのもメリットの一つです。**私自身、この軽作業ジャンルの仕事もよく外注しています。

例えばメルマガに登録してくれたユーザーのリストを取る作業などは専門知識などは特に必要としないので、私が作業した場合と、ほかの誰かがやった場合で特にクオリティに変化はありません。

であれば、こうした作業は数百円を払って誰かに外注し、私は空いた時間で「自分がやった方がクオリティを高められる仕事」を進めた方が生産性が高まります。

ちなみに、私は一度でも依頼したワーカーについては、Ｅｘｃｅｌなどのスプレッドシートを使って、次のようなコメントを入れて管理しています。

- **依頼単価が高い、低い**
- **仕事のクオリティが高い、低い**

クラウドソーシングを使いこなすコツは、仕事を依頼して終わりでなく、**ワーカーとの関係性を構築し、プロジェクトごとに常に適切な人材を割り振る環境を整えておくことです。**そうすることで、依頼内容の精査や人選にかかるコストおよび時間を減らすことにもつながります。

外注で仕事を頼み、単にプロジェクトごとの依頼で終わってしまうのはもったいありません。人材をリスト化して管理しておけば、次の発注の機会にスムーズに依頼を行うことができ、一からワーカーを探す必要がなくなります。

先ほどの軽作業の外注の件もそうですが、私のビジネス領域はマーケティングが中心なので、外注する際も似たような業務内容を連続して進めるケースがよくあります。

その際、ワーカーのリスト化を行っておけば、都度新しいワーカーを探すのではなく、経験者に再度依頼することで作業時間・費用の圧縮につながります。

そういった意味で、**その都度、適切な人材に仕事を発注することができる体制を整えておく（リストを作る）こと自体があなたの資産になるのです。**

また、関係性という点で言えば、基本的にワーカーはプロジェクト単位で「割り振った仕事をこなせるか否か」を基準に選びますが、**一部のワーカーについては「成長性」を加味して依頼を行うこともあります。**

最初の依頼はほかのワーカーと同じ条件ですが、いくつか依頼を重ねていく中で、スキルに応じた作業だけでなく、「この人は今後案件のディレクションができそうな成長性がありそうだ」「今後はより専門性のある業務を依頼できそうだ」というような人材であれば、作業ごとの報酬ではなく、月々の固定給での支払いに変更して育てていくようなケースもあります。

この点についてはは4章で詳しくお話しますが、外注化戦略には「ディレクション」が大きなポイントになってきます。**将来的にはより上のポジションを任せられるような人材を見つけた場合は、特別な待遇を用意し、関係性を維持していくこともあるのです。**

その意味で、外注化は先ほどからお伝えしてきたように

・24時間体制で業務を進められることによる作業スピードの向上
・専門性のある人材の割り当て

といった依頼ごとのメリットも当然ありますが、そこから一歩進んでワーカーの管理を行うことによって、社員を雇用することなくプロジェクトごとに最適なチームを流動的に作ることができるようになるのも大きなメリットです。

「業務のベルトコンベア化」が外注化のポイント

作業工程を分解して適した人材に割り振る

こうした流動的なチーム作りを行う際に重要なのが、**「作業工程の分解とベルトコンベア化」**です。

自動車の製造工場をイメージしてみてください。製造の現場では車体の組み立て、タイヤの取り付けなど、それぞれの製造工程を細かく分割して、作業員一人当たりの担当箇所をできるだけ単純化できるようにベルトコンベア方式で作業していきます。

私が作業を外注化する際にも全く同じ考え方をしています。**「プロジェクトごとに必要な作業を最小単位まで分解し、そこにそれぞれの専門スキルを備えた人材を配置する」**ということです。

例えば、私が行っているビジネスの大きな軸はマーケティングなので、販促等で動画制作を行う機会が多くありました。

そのため、これまで複数の事業領域の中で多くの動画を制作してきましたが、**実は私自身、動画の撮影や編集作業は全くできません。**にもかかわらず、ここまで制作実績を積み重ねることができたのは、先ほどお伝えしたように「作業をベルトコンベア化している」ということの一点に尽きます。

まず、動画制作に必要なスキルを大まかに分割すると次の3つです。

- **シナリオや脚本制作**
- **撮影作業**
- **編集作業**

ここで重要なのは、**私自身がこのスキルを備えておく必要は一切ない**という点です。

これは会社組織の中で社長と従業員の関係と同様で、社長は会社の指針や経営計画を考えて実行する「旗振り役」が仕事であり、経理や営業、製造など、それ以外の仕事は部署ごとに適切な人材を配置すれば会社は回ります。

つまり、**動画制作における私の仕事は「どんな動画を作るかを考える役回り」であり、それ以外の作業はすべて他人に任せているのです。**場

業務をベルトコンベア化して効率化する

例：動画制作の場合

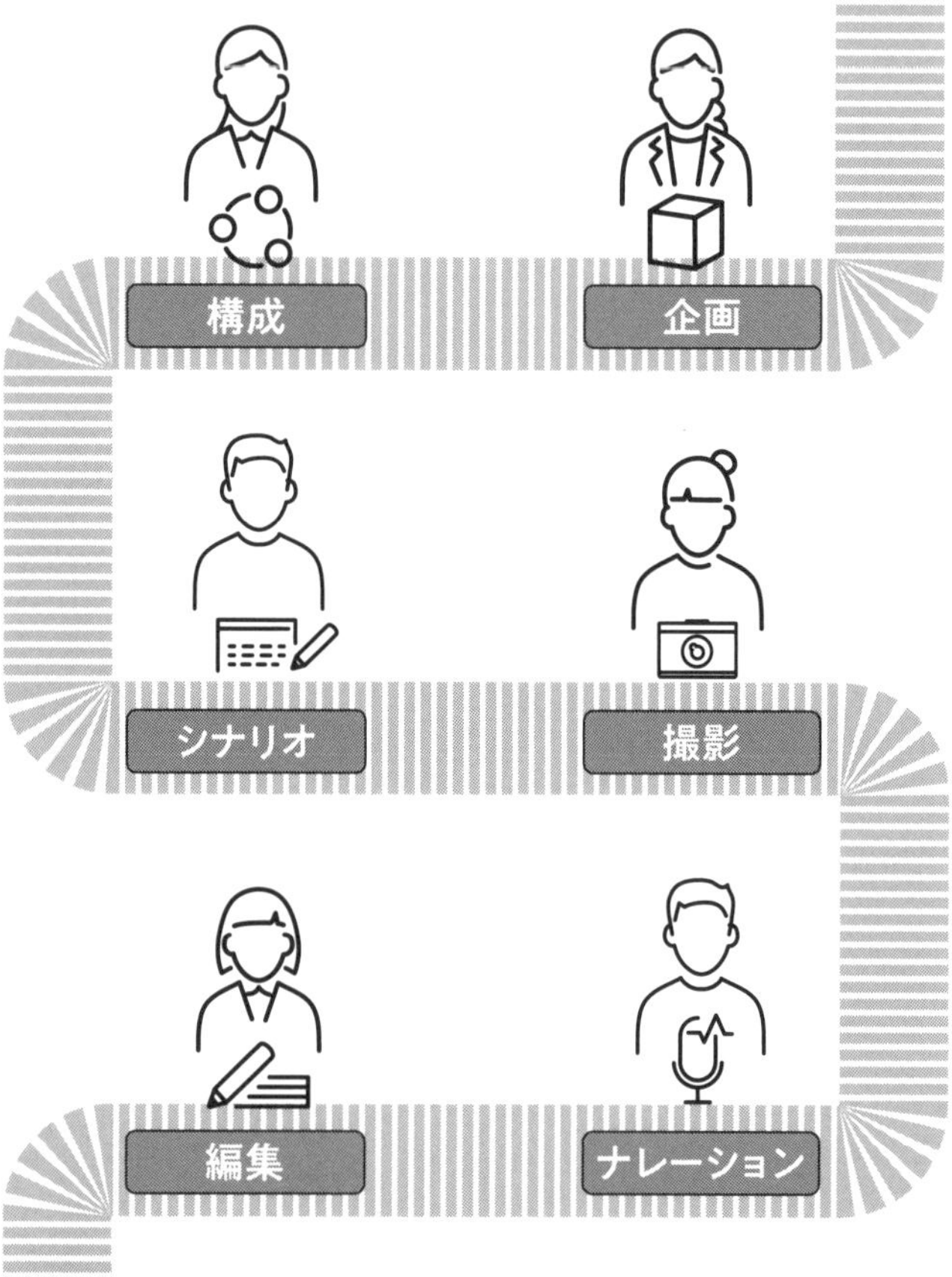

このように動画制作における各作業を分割し、 ベルトコンベアのようにそれぞれを外注化することで個別の作業クオリティやスピードを向上させることができる

合によっては「どんな動画を作るか考える人（ディレクター）」も雇うことで、旗振り役さえも外注するケースもあります。

これは動画制作だけでなく、先述したLP制作や商品販売など別の業務においても全く同じ考えです。どの業務にも、作業工程ごとに要求されるスキルは異なりますし、それを私一人でこなすのはとても難しいでしょう。

しかし、「企画出し」「シナリオ作成」「撮影」「構成」「ナレーション」「編集」というように、**作業を細かく分割して、それぞれを適した人材にベルトコンベア方式で分担させることができれば、作業難度を下げつつ、スピード・クオリティを向上させることができるのです。**

外注を効率化するための手法「待機補償システム」

ビジネスを効率化するための手法のひとつ、「待機補償システム」という仕組みを紹介します。ここでは具体的な事例として、突発的なチラシ作成の依頼のケースで見ていきましょう。

＜依頼の概要＞
・チラシ1件あたりの報酬は500円
・テンプレート作業

・1件あたりの作業時間は5～10分
・月に60件ほど
・依頼のタイミングはバラバラ

条件は上記のようになります。ここで、問題になってくるのは依頼のタイミングが不明確である点です。たとえ1件あたりの作業時間は短くても、いつやるのか分からないのでは時間を効率的に使えませんよね。

そこで、自分で作業するのではなく、外注化をして待機補償を支払うことにしました。

待機補償の内容は、朝8時から夜20時まで、1ヶ月間の待機を依頼するというものです。そして、この待機期間に発生した依頼に対して、ワーカーが業務を遂行していきます。その代わりに、月額5000円の待機補償を支払います。この金額を適切に設定することにより、多くの人が進んで待機をしてくれるようになりました。

連絡手段にはLINEなどのチャットツールを使用し、依頼が来た際にはメッセージで通知します。チラシ作成のワーカーが複数人いる場合は、グループチャットで共有。先に手をあげた人が受注できる仕組みになっています。1件あたりの報酬は500円で同一ですが、早い者勝ちで競わせることでレスポンスや品質の向上に良い結果をもたらしています。

このシステムは、比較的時間を自由に使える主夫・主婦層の方に適しているでしょう。待機補償を時給制ではなく月額制にしているのもポイントです。コールセンターなどの事業でも待機補償は活用できます。

待機補償システムは、外注チームによる柔軟な対応を可能にする画期的な仕組みです。

事業の効率化とコスト削減に役立ち、様々な分野で応用できる可能性を秘めています。是非、皆さんも待機保障システムを活用し、ビジネスの効率化とコスト削減に取り組んでみてはいかがでしょうか。

外注する人はどうやって探す?

オールジャンルか、絞ったジャンルなのかで異なる

ひとえに「業務を外注する」といっても、クラウドソーシングの世界で仕事を受けてくれる人材は「ワーカー」と一つにくくるのが難しいほど多様です。

例えば「シューマツワーカー」や「カソーク」といったサイトに登録

しているような人材は、企業に所属しつつ副業でWワークをしている場合がほとんどです。そのため、**専門性の高い人材が多いですが、そのぶん依頼コストも比較的高いのが特徴です。**

副業型

シューマツワーカー
（https://shuuumatu-worker.jp）

カソーク
（https://kasooku.jp）

CARRY ME
（https://carryme.jp/）

一方、「ランサーズ」や「クラウドワークス」、「ココナラ」などのサイトでは、先ほどのシューマツワーカーやカソークと比較して、**人材・仕事内容ともに、よりオールジャンルで探すことができます。**

副業で登録している人もいますし、いわゆるSOHOと呼ばれる、クラウドソーシングの仕事を専業としている人（法人が登録している場合もある）や、単純に空き時間を有効活用したい人など本当に様々です。

こうしたウェブサービスでは単純作業のみ受けている人から、プロレベルのスキルを備えている人まで幅広く登録しています。

特に軽作業など専門的なスキルを必要としない仕事を外注したい場合はこちらを中心に探した方がより効率的ですし、高いスキルを持っている割に相場よりも外注費が安い人もそれなりにいるため、そうしたワーカーを探したい場合にも活用できます。

右記のウェブサービスは全体のワーカーの数自体は多いですが、その

オールジャンル

ランサーズ
(https://www.lancers.jp)

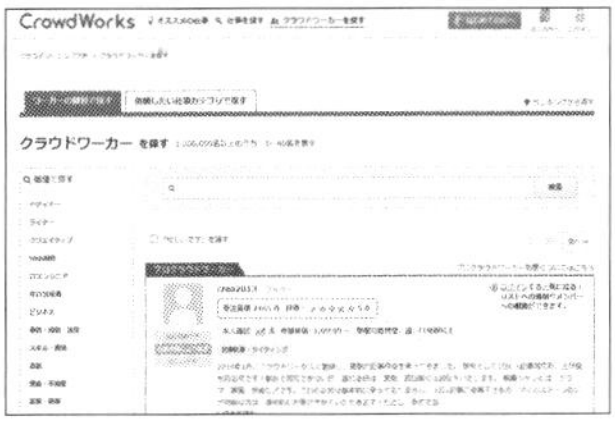

クラウドワークス
(https://crowdworks.jp)

ココナラ
(https://coconala.com)

分、どんな人に声掛けするかを工夫しないとスキルと案件がマッチしづらい可能性もあるので、その点は注意が必要です。

また、今まで紹介したサイト以外にも「動画系」「マンガ系」「デザイン系」など、特定のジャンルに絞り込んだクラウドソーシングサービスもあります。

例えば左記のような、動画制作に特化したcrevoなどがあります。
どのウェブサービスも登録している人のスキルのばらつきは当然ありますが、最初から「動画を外注したい」といった具体的な作業内容が想定できている場合は、こうしたサイトを使った方が効率がよい場合もあります。

特化型

crevo
（https://crevo.jp）

クラウドソーシング以外の外注ワーカーの見つけ方

外注ワーカーを見つける方法は、クラウドソーシング以外にもたくさんあります。ここでは、私が最近よく使っている外注先をいくつか紹介します。

最初に紹介するのは「シュフティ」。シュフティはその名の通り、主婦向けの在宅支援サービスです。登録者は全員が女性で、ほとんどが主婦の方々です。隙間時間を活用したいという主婦の方々のニーズに応えるサービスで、社会的にも大きな需要があります。

シュフティの特徴は、クラウドワークスとは異なり審査が厳しいことです。まずワーカー自身が企業として登録され、企業審査を受けます。その後、案件登録の際にも細かくチェックが入ります。主婦の方々は、気配りができる人が多いので、シュフティは非常に使い勝手が良いサービスと言えるでしょう。

次に紹介するのは、昔からある「インディード」です。インディードは、多くの人が社員やアルバイトの採用メディアだと思っているかもしれませんね。実は、社員やアルバイトの募集だけでなく、業務委託の募集もしています。

例えば、リモートでのバックオフィスの経理事務スタッフを業務委託で募集すると、100人以上もの応募があったりします。実際に、同じ募集内容で10社に掲載したところ、インディードが全体の7割から8割を占めていました。人材探しをWEB上で行うなら、インディードは外せないでしょう。

「エンゲージ」は、審査を通過した求人のみを掲載しているため、求人の質が高く、ミスマッチが少ないという特徴があります。地域密着型の求人情報が豊富なので、地元の優秀な人材を獲得しやすいのも魅力です。

さらに、チャット機能や面接予約機能など、求職者とのコミュニケーションツールが無料で使えるのも大きなメリットと言えるでしょう。ただしエンゲージは、グローバルな人材獲得には向かず、業種や職種によっては十分な応募が集まらない可能性もあります。

したがって、求人の質を重視しミスマッチを減らしたい場合や、地元の優秀な人材を獲得したい場合はエンゲージ。一方、グローバルな人材獲得を目指す場合や、とにかく多くの応募を集めたい場合はインディードが適しています。人材探しをより効率的に進めたいなら、両社のサービスを併用することも考えていきましょう。

「ビザスク」は、それぞれの分野の専門家が登録されているプラットフォーム。スキルのある人たちを募集し、時間単位で相談できるサービスです。料金は30分や60分ごとに決められています。

ビザスクに似たサービスとして、「タイムチケット」があります。これは、自分のスキルを相談員として登録し、時間拘束代としてお金を頂いて相談を受けるサービスです。有名な人たちがアドバイザーとして登録していることもあります。

これらのプラットフォームは、新しいことを始めようとする時にその業界に詳しい人たちから直接アドバイスをもらえるのが強みです。また、人脈や流通ルートを持っている人たちとつながるための手段としても使えます。

その後の事業の展開まで考えると、いろいろなことができると思います。特に、人脈作りには重宝するプラットフォームでしょう。

私自身もビザスクを使って、会社のM&Aの相談をしたことがあります。相談相手の方からは「今は買わなくていいですよ」とアドバイスをいただきました。これをきっかけに、その方と連絡先を交換し、その後も関係を継続しています。

人脈や人との関わりは、人生を変える分岐点にもなり得ます。ビザスクやタイムチケットのように、時間単位で人との接点を持てるサービスは積極的に利用すべきです。

アドバイザーとして自分も登録できるので、何らかの知識やスキルを持っている人は登録して仕事を得ることもできます。そして、それが人脈開拓にもつながります。自分を安い単価で設定すれば、出会いたい人たちが自動的に集まってくるかもしれません。これは非常に魅力的なサービスだと思います。

求人の穴場といえば、「ジモティ」です。ジモティは物々交換のイメージが強いかもしれませんが、実は求人募集の媒体としても活用できるのです。

ジモティには「アルバイト・正社員」という求人募集の項目があるのですが、あまり知られていません。これを使って、最寄りの駅名などを指定して求人を出すと、かなりの応募があります。

例えば、「三軒茶屋駅でチラシ１０００枚を配りたいので、時給

1000円で引き受けてくれる人を探しています」といった具合に、具体的な仕事内容と報酬を提示すると、地元の人たちから多くの応募が集まります。

インディードなどのオンライン求人サイトでは、「東京都内で働ける人」といった広範囲な条件で募集をかけることが多いです。一方で、ジモティならもっと地元に特化した形で人材を集められるのです。地元の人たちとつながりを持っておくことは、ビジネスにとって大きなメリットになります。

ただし、ジモティではメッセージのやり取りが非常に多くなる傾向があります。それに耐えられるメンタルと業務のディレクション能力は必須。とはいえ、ジモティは人材探しにぴったりのメディアであり、宝の山だと言えます。是非活用してみてください。

クラウドソーシング普及によるビジネスの変化

これまでのビジネス

人材との接点	費用	場所
コネで紹介してもらうか、直接雇用する。もしくは専門業者に依頼する	社員として雇う場合は毎月の固定費となる。専門業者に依頼する場合は高額な費用が必要	社員を雇用する場合、作業する場所を借りるなどして確保する必要がある

▼

クラウドソーシング普及以降

人材との接点	費用	場所
インターネットを介して、専門性やスキルのある人材と簡単につながれるようになった	作業が発生したら依頼するので、固定費がかからない。社会保険などのコストも削減することができる	作業はワーカーさんの側で進めるので、作業する場所を借りる必要もなくなる

社員雇用をしなくてもビジネスをスケールできる

クラウドソーシングは「管理」もポイント

ここまでの話をまとめておきましょう。まず、近年のクラウドソーシング市場の拡大によって、これまで紹介などでしか知り合えなかったスキルを持つ人材と簡単につながることができる環境が整ってきました。そして、今まで業務を拡大していくには社員を雇用して、それぞれに仕事を割り振る（もしくは高いお金を払って専門業者に依頼する）という手段しかありませんでしたが、**クラウドソーシングを活用することで、社員を雇用するよりも安く、かつ流動的に業務を外注化することが可能になりました。**

外注化は社員を雇用しているわけではないので、どんな場所からでも業務を回すことができますし、かつ人件費や社会保険などのコスト面についても大幅に安く済ませることができます。

加えて、上手く活用することができれば業務のスピードやクオリティの向上も期待できます。

例えば、クラウドソーシングを使って常に１００人に仕事を発注できる環境を構築できていれば、１００人の従業員を雇ったのと同じです。

ただ、仕事を振らなければ作業の料金は発生しないので、案件がないときには無賃労働者を雇っている感覚です。

クラウドソーシングを有効活用するためにも、仕事内容のジャンルに応じて、ワーカーのリストを作っておくことが重要です。「Aの仕事は○○さん」「Bの仕事だったら××さん」というように、作業が発生したときに常に依頼できる体制を整えておきましょう。

ただし、闇雲にリスト化しても、案件を振ることができなければワーカーが離れていきます。そのため、「抱えておける人数」と「振ることができる案件」のバランスは当然取る必要があります。

また、外注化を行う場合は依頼ごとのスポットが基本となりますが、そのような形態で業務を回して外注化の実績を重ねていくと、稀に固定で契約するワーカーも出てきます。例えば「優秀で専門性の高い人材」「スキルセットが豊富な人」「今後の成長込みでつながっておきたい人」など、つながりを確保しておきたい人材には月契約など固定給を出しておくのも一つの手です。

私の感覚としては、**「スキルと金額がアンバランス」な人材は常にアンテナを張って確保するようにしています。**

業務の外注を長くやっていると、本来であれば100万円で発注するような案件を30万円でやってくれる人材が稀に現れます。

市場価値を適正に判断できていないのか、それとも安くてもいいから実績を積みたいのか、ワーカー側の事情はそれぞれなのでわかりませんが、そうした人材は多少こちらのコストが増えても良いので、固定給を出してこちらの仕事に集中してもらえるように工夫しています。

業務のさらなるスケールアップに外注の組織化が必要

外注を使って組織化を進めるには、まず各業務に管理者を1人ずつ置くことから始めます。

私のケースで説明をすると、最終的な決裁者は私自身です。それに対して、それぞれの業務で専門性を持った人材を管理者として配置します。管理者は、業務のスケジュールや品質を管理しつつ、必要に応じてチームを編成していきます。業務チームには、外注管理、ライター、デザイナー、コーダー、サポーター、SNS、広告、AI、ホームページ制作、エンジニア、そして動画編集などがあります。

チーム編成では、管理者の下に外注メンバーを組み入れていきます。例えば、ライターチームは複数のライターを抱え、プロモーションやライティングを担当。デザイナーチームは、デザインの作成とクオリティチェックを行います。

このように、各チームが管理者の指示の下で専門性を発揮していくことで、業務を効率的に進められるのです。

また、チーム間の横断的な連携も業務を円滑に進めるためには欠かせません。プロジェクトの内容や求めるスキルを明確にし、必要な人材の募集を外注管理チームに依頼します。採用後は報酬体系を明確にし、成果に応じて適切に支払うことでメンバーのモチベーションを高く保てるでしょう。

この外注を使った組織化は、企業の組織図の作り方と同じです。各業務に対して管理者を置き、規模が大きくなれば必要な人材を割り当てていきます。企業内にディレクション担当の社員がいれば、当然作業担当の社員もいますよね。それと同じことを、外注を活用して実現しているのです。私が直接管理するのは直下の管理者(ディレクター)だけであり、あとは管理者にお任せするというのが組織化の特徴です。

1章まとめ

ここまでクラウドソーシングサービスについて記載してきましたが、SNSでの直接のお声掛けも有効です。

主にツイッターなどで、自分の仕事内容について発信しているアカウントが多数あるので、もし自分が頼みたい案件が決まっている状態で、依頼者やパートナーを探しているのであれば、ツイッターなどでDM（ダイレクトメール）を送ってみるのも手です。

クラウドワーカー＝クラウドソーシングサービス内だけで見つけるということではなく、ツイッターのほかにもフェイスブック、YouTube、インスタグラムといったいろいろなSNSを使ってクラウドワーカーを見つけることはできますので、状況に応じてアプローチ方法を模索して頂ければと思います。

2章
PART 2

どのような業務を依頼できるのか？

中心的な業務と相場観を紹介します

さて、本章では先ほどから解説してきたクラウドソーシングにおいて、どんな作業を依頼できるのか、業務の一覧とその作業内容の解説、大まかな相場観をざっくりと紹介していきます。

依頼単価はあくまで私がこれまで依頼してきたものを基準としているため、実際に**必ず全く同じ価格で依頼できるわけではない**点に注意してください。

文字起こし

音声や動画などのデータをもとに、それをテキストデータに起こして納品する仕事です。

例えば、「取材やインタビューの内容を文字起こししてもらい、それをもとに原稿を作成する」「会議の録音データを文字起こしして議事録として保管しておく」「セミナーやＹｏｕＴｕｂｅで話した内容を文字起こしする」といった使い方ができます。

専門の業者に依頼すると１分３００円程度が相場ですが、**クラウドソーシング経由であれば、概ね１分１００円～２００円程度で依頼することができます。**

ナレーション

動画などに合わせて音声をあてる仕事です。

最近ではＹｏｕＴｕｂｅをはじめとした動画需要が高まってきており、ナレーションは商品紹介のＰＶやウェブ動画、アプリ・製品内音声など様々な場面で活用されています。また、ナレーションは専用機材や声を入れる本人のスキルが必要とされ、自分でやるよりも外注化してしまった方が高いクオリティを担保できるというメリットもあります。

専門業者に依頼すると５分の動画で概ね２〜３万円程度が相場ですが、**クラウドソーシングを経由すると２０００円程度で依頼できる場合もあります。**

デザイン

商品や書籍、キャラクターなどの意匠を設計する仕事です。例えば商品に使うキャラクターやイラストなどのデザインは、制作物一つに対して1000円程度から発注が可能です。

名刺のデザインは2000円から1～2万円程度と幅がありますが、LINEのスタンプであれば1つにつき1000円程度が相場です。

また、プレゼンテーションやYouTube用のスライド動画のためのパワーポイントをデザインしてもらうといった内容も依頼することができます。こちらは1枚のスライドにつき500円程度から発注可能です。

動画の編集作業

専用の動画編集ソフトを使い、動画を視聴者により見やすい形で編集する仕事です。字幕やテロップを付けたり、不要箇所をカットする、エフェクトをかけるなどが主な作業内容となります。

ただ、動画のジャンルによっても作業内容が異なるため料金も変わります。**例えばアニメーション・イラスト動画の編集作業の場合、1本5000円程度が相場ですが、動画の尺によって料金は変わってきます。**近年、vyondやアニメスクライブといったアニメーション制作ソフトが広まったことで、こうした動画編集の単価が大幅に下がりました。

また、**エンタメやYouTubeの動画編集は1本3000円程度**

から、場合によっては1万円程度が相場です。仮に制作会社に発注する場合は基本的に2~3万円程度かかるので、高い場合でも大幅に単価を下げることができます。また、**PVや実写動画、漫画動画などは1本あたり5000円程度**です。

動画にキャラクターを使いたい場合で、キャラクターのデザインも含めて発注するケースでは、簡単なものでしたら1つのキャラにつき1000円程度を追加するようなイメージですが、こちらも内容などによってはもっとコストが必要になります。

漫画制作

発注者が用意したシナリオをもとに漫画家さんが漫画を描く仕事です。ここでの漫画とはいわゆる商業漫画のことで、ＬＰの導入部分、企業ストーリーの紹介、ＹｏｕＴｕｂｅの漫画動画などがあります。

相場は**安いケースで１コマ１０００円～２０００円程度**ですが、ワーカーによって画力や構成能力などもバラつきがあるので、欲しい作風などこだわりがある場合はこれよりもコストがかかる場合があります。

また、動画編集と同様に、漫画制作も基本的にこちらがシナリオを考える必要があるので、その点にも注意が必要です。

ライター

発注者からの内容指示と、指定したテーマをもとに文章を作成する仕事です。

それぞれのライターによって得意分野や専門性が異なるため、依頼内容とスキルがマッチするかどうかがポイントとなります。例えば広告領域で活動するセールスライティングの場合、**LPの文章作成は1案件1万円～**が相場ですし、動画などの台本作成を行う**シナリオライティングの場合、1案件につき3000円～が相場**です。

一方、あまり専門的なスキルを必要せず、「とにかくテキストが揃っていればいい」というようなライティングなどでは1文字1円程度で依頼することもできます。

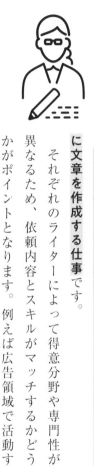

システム開発

ＩＴ技術を駆使して様々なシステムを構築し、業務の効率化を図る仕事です。

　アプリケーションやＷＥＢシステム、サーバーサイド、エクセルマクロ（ＶＢＡ）など、システム開発にはさまざまな領域があるため、使用する開発言語や経験なども加味して自分の依頼したい条件とマッチする人材を探す必要があります。

　こちらは内容によって金額も本当にバラつきがあり、依頼金額もケースバイケースとなるためエンジニアと相談して落としどころを見つける必要があります。

　ただし、依頼内容がワーカーにとって過去に経験したことのあるような案件の場合、タイミング次第ですが相場の10分の1の価格で頼むことができる可能性もあります。

ホームページ作成

企業や個人のHPを作成する仕事です。作業内容は大きくWBAデザイン、コーディング、ライティングと分かれていて、それぞれ別々のスキルが必要です。

ただし、クラウドソーシングサイトではこの3つをパッケージで請け負うワーカーも多く、Wordpressを使ったサイト制作であれば3万円程度から依頼することができます。

ただし、これはあくまで最低ラインで「サイトのデザインにこだわりたい」「特殊な機能を付けたい」「ＳＥＯ対策をしたい」「コンテンツを充実させたい」といった希望があれば、そのぶんコストがかかる点には注意が必要です。

翻訳

外国語から日本語へ、もしくは日本語から外国語への文章の翻訳を行う仕事です。ワーカーのスキルによって料金はまちまちですが、業者に発注すると１０００文字程度の英語を日本語に翻訳した場合は概ね３万円前後が相場です。一方**クラウドソーシングでは概ね5分の1の価格で発注できます。**

また、英語以外の言語の翻訳スキルを持つワーカーも多く、スペイン語や中国語など幅広く依頼することができます。ただし、そうした言語の翻訳は英語と比較して価格も高めに設定されている場合が多いです。

ネットショップ開設

商品やサービスを販売するＥＣサイトの作成を行います。

大まかに分類するとＥＣサイトもウェブサイト作成の一部分ですが、ＥＣ-ＣＵＢＥやＳｈｏｐｉｆｙのような販売に特化した専用のシステム（ＣＭＳなど）で作成することがほとんどなので、それに特化したワーカーに依頼することになります。

その場合、**ショップ開設のみであれば２万円程度**が相場ですが、デザインなどにこだわるなど追加要素があれば別途コストがかかります。

運営、作業代行

日常業務の中のルーティンワークや、サイトの運営などを代行してもらう仕事です。例えば、毎日決まった時間に商品の売り上げをエクセルに打ち込んだり、ネット上で商品の検索順位を記入するというような、**日々のルーティンワークを代行してもらう場合は、概ね月5000円程度**で依頼できます。

また、先ほど取り上げたネットショップ開設に関連して、そこに毎日新しい商品を登録したり、リスティング広告の運用を代行するような作業であれば、少し専門性が高まるので月に3万円～が相場です。

また、ツイッターやインスタグラムなどのSNSを運用している場合も、決まった時間に画像を投稿するなど規則性があるのであれば月2万円〜で運用代行を依頼することができます。

写真、動画撮影

人物撮影や商品撮影（ブツ撮り）、YouTube用の動画撮影などを依頼することができます。

スタジオやモデルを使用した場合には追加のコストがかかる点にも注意が必要です。撮影スキルや納品時の処理などで制作物の質が大きく異なる業種なので価格もピンキリです。

ただし、例えば「住んでいるエリアの名所を撮影してきてください」

といったような、制作物のクオリティは求めず、かつ撮影スタッフを派遣するにはコストがかかりすぎるタイプの業務は1枚100円程度から依頼できるので、撮影コストを大幅に下げることができます。

コンペ

ランサーズやクラウドワークスには「コンペ形式」で制作物を依頼するやり方があります。例えば会社のロゴを作る際に複数のデザイン案が欲しい場合などにはコンペ形式でロゴデザインを募集することで、デザイン案を比較することができます。

通常の依頼形式であれば一人のデザイナーによる案出しになりますが、コンペ形式では複数のデザイナーが参加するため、違った角度から比較を行うことができるのが特徴です。**ロゴ制作であれば概ね1万円程度**からコンペ形式の発注を行うことができます。

アンケート

発注者側があらかじめアンケートを用意し、ワーカーはそれに答えることで報酬を得る仕事です。私のようにマーケティングビジネスをやっている人間にとって、世間は今何に関心があるのかを知ることは重要です。そこでそうした「生の声（世の中のニーズ）」をチェックするために、アンケートをよく利用しています。

発注コストもい**いくつかの質問に答えて1件5円程度**なので、仮に

100名に答えてもらっても1000円はかかりません。以外にもこうした安い価格でも空き時間などに答えてくれる方はたくさんいて、集計もスピーディーに終わるのもメリットの一つです。

具体的な内容としては例えば「商品のネーミングを考えてください」「あなたの人気商品ランキング」「高齢者商品のLPに出演しているタレントを教えてください」「HP上のテキストに間違いがある箇所を教えてください」といったようなものがあります。このように、アンケートの聞き方を工夫することで様々な分野に活用できるのです。

軽作業

誰がやってもクオリティに差が出ないような事務的な仕事はこちらにまとめています。それぞれ内容に差があるので事例別で解説していきます。

①インターネットで名簿集め

自社で制作した書籍を献本したいので、送付先として全国の図書館（2万円）、出版社（1～2万円）、放送局（1～2万円）を検索して、それぞれのデータを収集しリスト化する作業をお願いしました。こうしたリスト化作業は人によって検索基準が変わることがあったり、リストが重複する場合があるので、可能であれば一人のワーカーに連続して依頼するのがおすすめです。

②営業先の名簿作成

メルマガやウェブサイトに登録済みのユーザーの情報（名前、連絡先、住所）をリスト化してもらい、それをもとにメールフォーム営業ができるようにしました。

③紙のアンケートの電子化

セミナーで参加者に書いてもらった紙のアンケートの内容をエクセルに打ち込み、データを電子化する作業をお願いしました。この時は１件の入力につき10円の支払いでした。

④データ入力作業

③の他にもアナログの情報をＰＣに入力する作業は良くお願いしています。時給にすると３００〜４００円程度の支払いで済みます。

「高い＝良いものができる」というわけではない

安くて優秀な人材は優先して確保しておく

いかがだったでしょうか。一応、クラウドソーシングで依頼できる仕事内容については大まかに説明できている実感はありますが、あくまで私自身の経験をもとにしているため、細かいところではまだまだ紹介しきれていないものも多くあります。

今やクラウドソーシングは、音楽制作や建築、各士業、占いなど、**インターネット上で完結する仕事のほとんどをを網羅している**といっても過言ではないため、時間があるときに是非ご自分の目で確認してみてください。

さて、ここまでは「クラウドソーシングではこんな仕事も依頼できるよ」という点と、ある程度の相場観はお伝えできたかと思います。

3章以降からは、実際に私がクラウドソーシングを現場レベルでどのように活用してきたかを事例とともに解説していきます。

読者の皆さんも色々な立場がある中で本書を読まれているかと思いますが、ここまで紹介してきた内容を振り返りつつ、「自分だったらどのように外注化すれば業務を効率化できるだろうか?」を想定しながら読み進めてみてください。

また、本章では様々な職種と仕事を依頼する際の大まかな相場をお伝えしてきました。各所で「安い場合で○○円」という伝え方をしていますが、一つ注意していただきたいのが、**クラウドソーシングにおいては「価格が安い＝クオリティが低い」というわけではない点です。**

通常の感覚では「相場よりも安い価格で依頼しているのだから、クオリティも低くて当たり前」という考えになりがちです。

しかし、これまでの私の経験上、そう考えて相場よりも高めの金額を出しても、いざ作業してもらうと優秀でない場合が多かったのです。

反対に価格が相場より安くても、専門業者に依頼するのと同じクオリティで作業してもらえる優秀なワーカーともたくさん出会ってきました。クラウドソーシングにおいては「とにかく高い金を払っておけばいい」という認識は改めた方がいいでしょう。

一方で、安い金額で優秀な人を見つけた場合は、継続的に案件を依頼するなどして（固定給を払うのも一つの手です）長期的な関係性を築くことをお勧めします。

3章 PART 3

クラウドソーシング活用例

「できない」と思っている人のために活用例を紹介します

どういう募集形態があるのか？

2章ではクラウドソーシングサイトを使って依頼できる作業内容と大まかな相場観について紹介しました。しかし、クラウドソーシングを使ったことのない方には、「本当に人が集まるの？」と疑問に思ってしまうのも仕方がありません。

でも、安心してください。**クラウドソーシングを初めて使う人でも、問題なく「できます」**。

なぜ、そう断言できるのか、本章ではこれを実例をもとに解説していきたいと思います。私が実際に活用した例をもとに、募集→依頼→納品のプロセスを画像で説明していきます。実例を見ていただければ、クラウドソーシングは皆さんが想像しているよりも、ずっと手軽に活用できるという点を理解してもらえると考えています。

まず、クラウドソーシングサイトを使って人を集める際に、どのような募集形態があるのかを簡単に説明していきます。ここではクラウドワークスのケースで説明していますが、ランサーズなど別サイトでも基本的な流れは同じです。

プロジェクト形式

自分（依頼側）がサイト内で案件を提示し、そこに応募してきたワーカーの中から誰に仕事を依頼するのか選ぶ方法です。応募者とは「案件に適したスキルを持っているか」「コミュニケーションがうまくいきそうか」といった点をチャットなどでやり取りし、依頼するワーカーを決めます。

例えば10万円の案件をプロジェクト方式で募集すると、「3万円でできる」「7万円でできる」「20万円でできる」といったように、複数の応募があります。こちらもある程度の相場として10万円を提示しているので、そこから先は応募してきたワーカーとスキルや費用感などを含めて相談し、見積もりを取ってそれが合致したら作業を進めるような流れになります。

プロジェクト形式の一連の流れ

発注者　　**ワーカー**

1. 美容に関する1万文字のライティング案件です。1万円で作業できる経験者を募集しています。

まず発注者が案件の詳細をクラウドソーシングサイトに掲載

2. 過去に同じジャンルの執筆経験があります。過去実績もお送りするのでご確認ください。

プロジェクトを見たワーカーが募集しメッセージのやり取り開始

3. 過去実績を拝見しました。本案件の執筆を是非よろしくお願いします。

ワーカーに問題がなければ作業開始

4. 完成した原稿をお送りします。ご確認よろしくお願い致します。

ワーカーから送られてきた成果物を確認し、問題なければ作業終了

タスク形式

主に軽作業やアンケートなど、最初から作業内容と費用感が決まっている作業でよく使う方法です。例えば「投資にまつわる失敗談を300文字で教えてください　200円／件」「○○（商品名）に関するアンケート　50円／件」といった形で、一つの作業に対して決まった額の支払いを行います。

タスク形式の大きな特徴は、ワーカーとのやり取りが発生しないことです。タスク形式でも簡単な作業だけでなく、プロジェクト形式で募集するような内容を依頼することもできますが、前ページのプロジェクト形式のように、ワーカーとコミュニケーションを取って見積もりを詰める必要のある発注には向いていません。

タスク形式の大きな流れ

発注者　　**ワーカー**

1

女性向け書籍の表紙案AとB、どちらが良いと感じるか、その理由とあわせて教えてください（アンケート）。1件につき50円をお支払いします。

まず発注者が作業内容と報酬を決めて、タスク形式の募集をサイト内に掲載

2

私はB案の方がよいと思いました。理由は書籍タイトルのイメージと合致していると感じたからです。

私はA案が良いと思います。理由は女性向けの書籍であれば、やわらかい印象の方がウケると感じたからです。

私はB案がよいと思います。理由はかためな内容と表紙の印象も合わせた方がよいと感じたからです。

発注後、複数のワーカーがアンケートを記入し、成果物として提出

3

発注者はワーカーから提出された成果物を検収し、内容に問題なければ作業終了

コンペ形式

あまり聞きなれない人もいるかもしれませんが、コンペとは「コンペティション（競争、競い合い）」の略称のことで、文字通り**複数のワーカーにそれぞれアイディアを出してもらい、最も優秀な案にお金を支払う依頼形式**です。特にデザインの仕事では方向性の異なる案から一番良いものを選ぶことができるので向いています。

ただし、コンペ形式の場合は募集が終わった時点で自分の気に入らない案しか出なくとも、最終的に必ず1案は採用しないといけないので、その点は注意が必要です。

コンペ形式の大きな流れ

発注者　　　　**ワーカー**

1

商品のロゴを募集します。採用したデザイン案には2万円をお支払いします。

まず発注者が、募集したいデザインの概要、イメージ、報酬を決めて募集を掲載

2

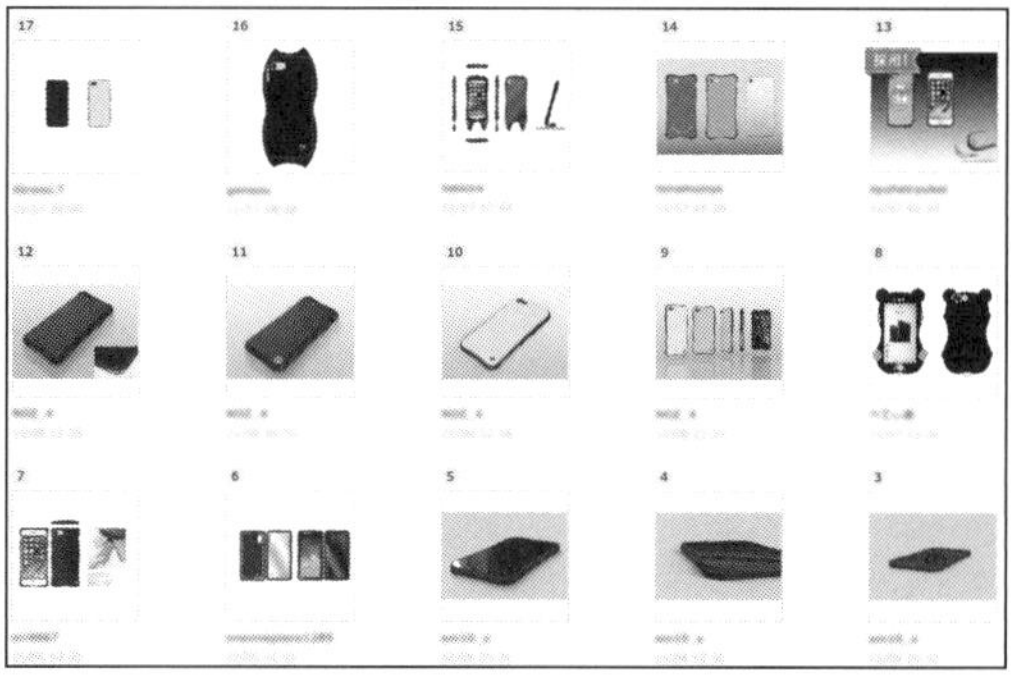

ワーカーからデザイン案が提出される

3

提出されたデザイン案の中から1位を決め、採用されたワーカーに報酬を支払って作業完了

募集の基本的な流れを説明

それぞれの募集形態の基本的な部分を把握してもらった後は、具体的な募集のやり方について説明していきます。

まずはクラウドワークスのトップページを開いて、「クライアント（発注者）メニュー」になっていることを確認しましょう。そして、「新しい仕事を依頼」のタブをクリックしてください。

今回はタスク形式で「美容についてのアンケート依頼」を例にしていくので、「事務・カンタン作業」→「質問・アンケート」を選択し、

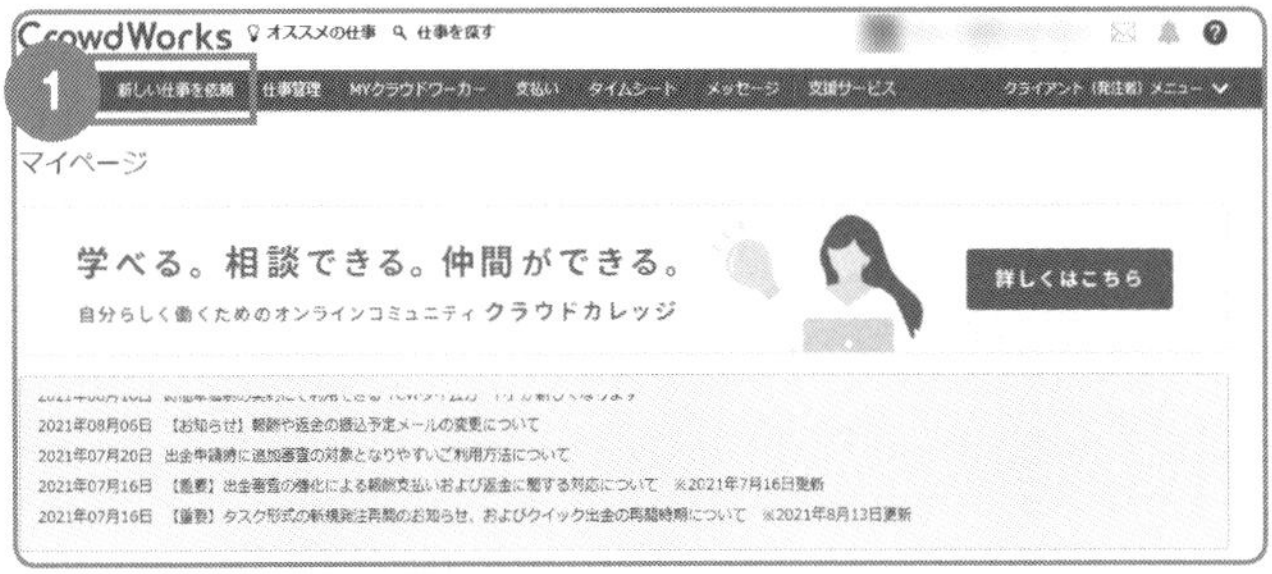

クラウドワークス（https://crowdworks.jp）のクライアント（発注者）メニュー、トップ画面です。ここから「新しい仕事を依頼」をクリックします。

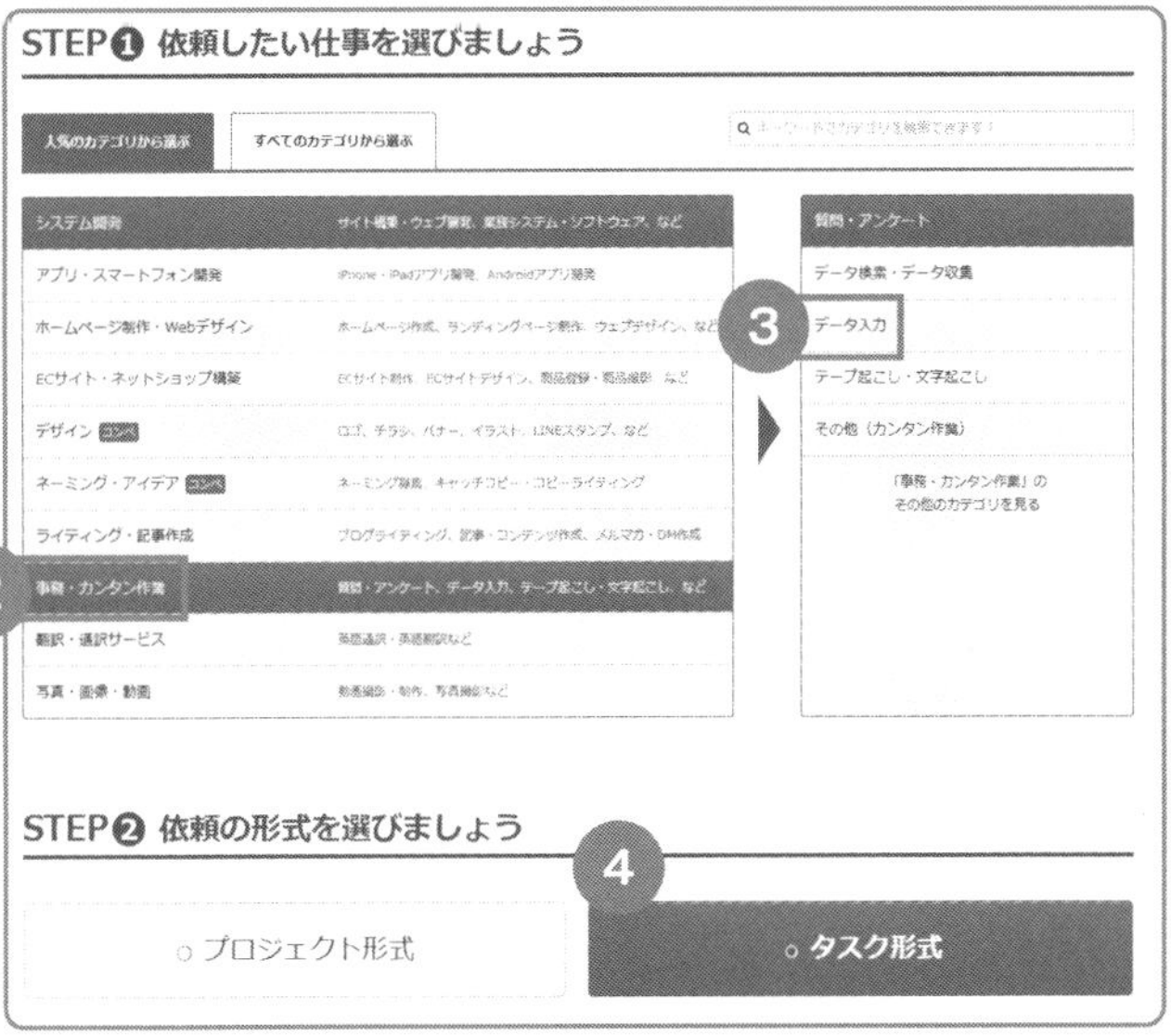

依頼したい仕事を選択します。ここでは「事務・カンタン作業」→「データ入力」をクリックし、さらに下の「タスク形式」を選択します。

STEP②で「タスク形式」をクリックしてください。

次は依頼タイトルと依頼詳細を入力していきます。詳細の文章はクラウドワークスがテンプレートを用意しているので、それに沿って入力する方法もあります。ただし、私はテンプレートは一切使わず、ワーカー側が難しく考えなくて済むように、極力平易な表現を心掛けています。

依頼文を書き終わったら、次は作業単価、件数の入力です。今回は1件当たり5円、総数200件の条件で応募しています。その後、作業の期限も同時に設定します。

最後は作業の支払い方法の選択です。この案件ではクレジットカードを使ってできる1クリック決済を選択しています。

ここまで終われば、仮払い（※）が行われ案件の登録が完了します。

ワーカーはこの募集案件を見てアンケートを送付するという流れです。

※仮払い：一時的にクラウドソーシングサービスに支払いをしておくこと

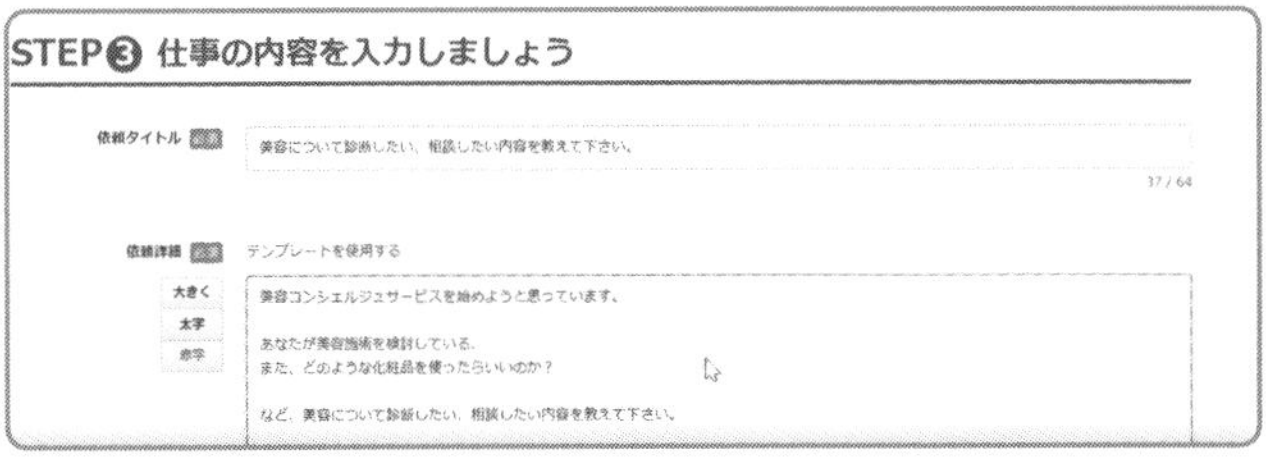

次は依頼内容を入力します。テンプレートもありますが、私は依頼内容に合わせ、できるだけシンプルな形で記入しています。

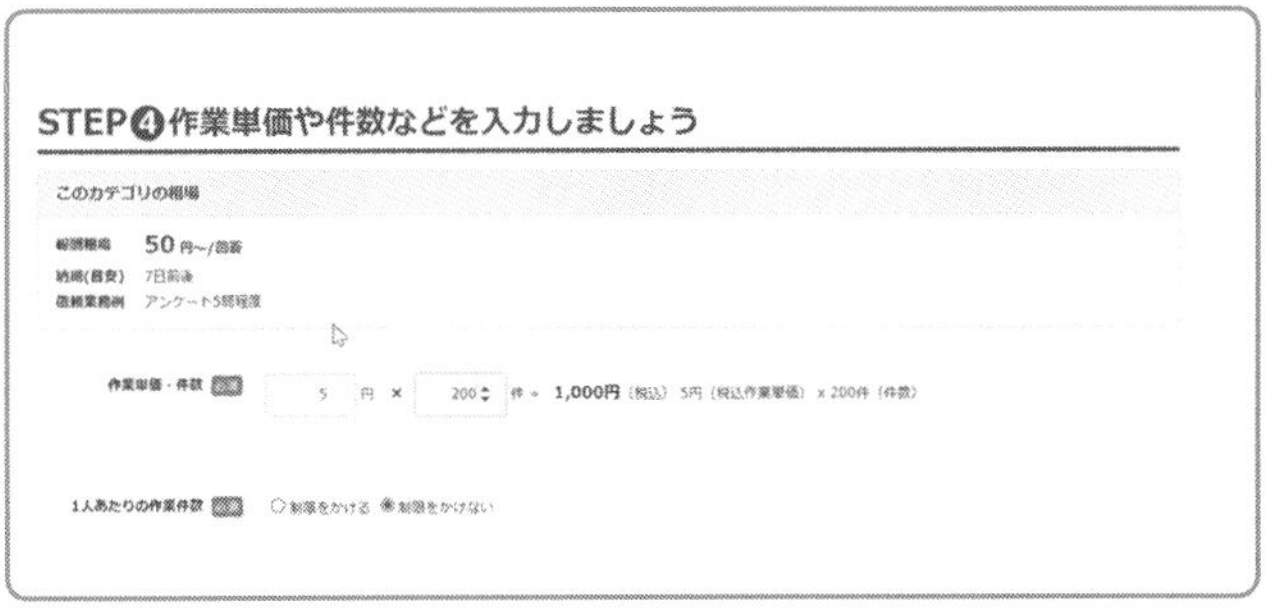

作業単価や件数を入力します。今回は1件につき50円、最大200件に設定しました。

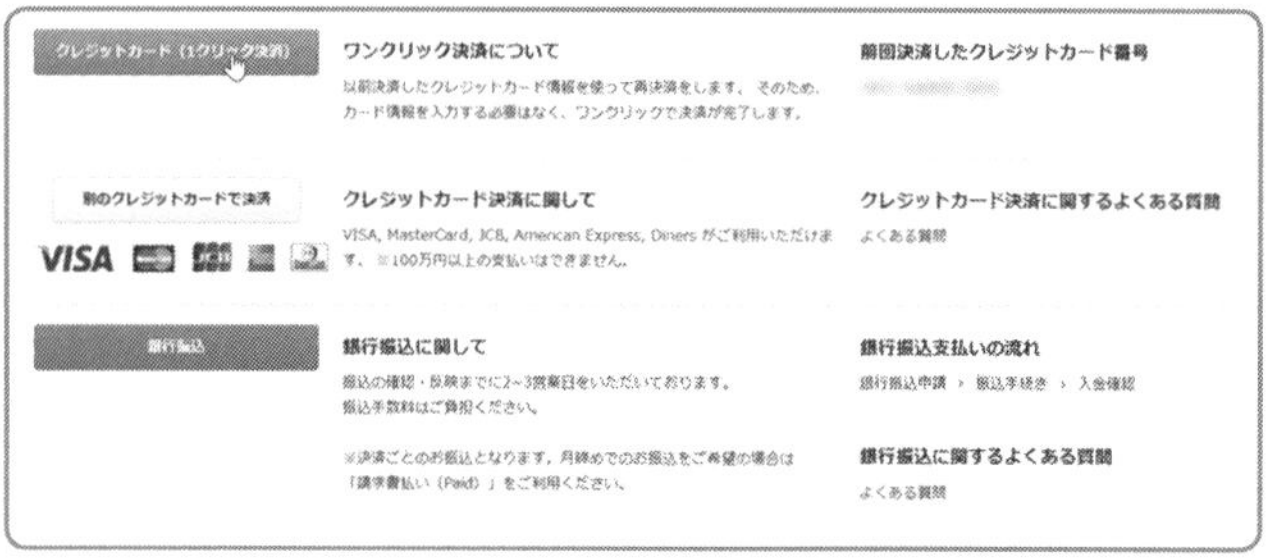

依頼の詳細が入力し終わったら支払い方法の選択です。今回はワンクリック決済を選びました。

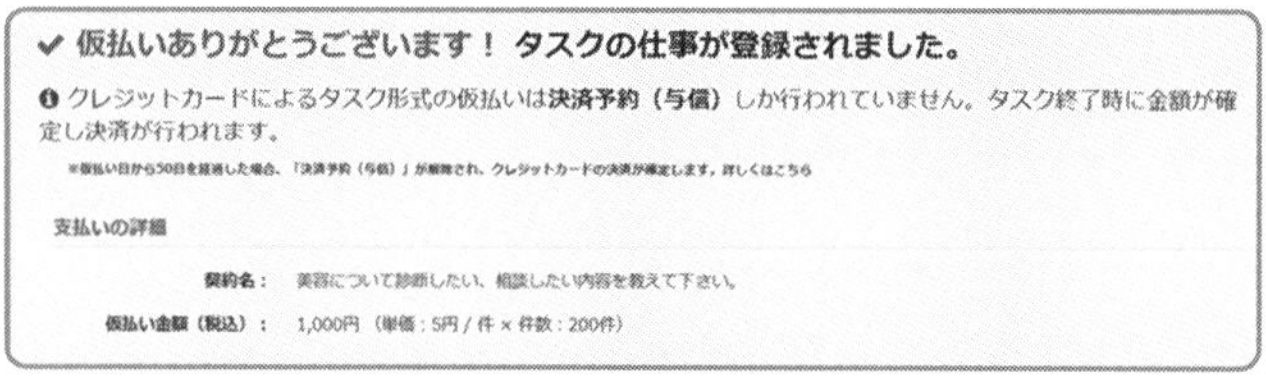

決済方法を選択し終わると、仮払いが完了し依頼が掲載されます。

事例を使って色々な依頼を見ていきましょう

コンペ形式は依頼の際の手順が少し異なりますが、プロジェクト形式については先ほどとほとんど同じ流れです。

以後の大まかな流れについてですが、先ほどのタスク形式の場合、ワーカーがアンケートを納品→こちらが検収→終わり次第ワーカーにお金が支払われる、といった形になります。

次のページから、事例をもとに解説します。

作業事例

軽作業

データ収集や入力、データの整理など、比較的簡単にできる作業です。ここではデータ収集・入力の事例を紹介しています。

依頼内容がシンプルな作業なので、依頼文もできるだけ簡潔に伝わるよう工夫しています。

手順1 依頼タイトルを作成する

CrowdWorks
募集中の仕事一覧
クラウドワーカーを探す
マイページ　新しい仕事を依頼　仕事管理　MYクラウドワーカー　支払い　タイムシート　メッセージ　支援サービス
マイページ » 仕事を探す » 事務・カンタン作業 » データ作成・入力 » データ検索・データ収集 » 【1件につき10円　データ収集・入力作…
【1件につき10円　データ収集・入力作業】YOUTUBERチャンネルのSNS・問い合わせ先などのデータを収集入力作業
データ検索・データ収集の仕事の依頼
(973件のレビュー)　本人確認済み　発注ルールチェック済み
固定報酬制　5,000円 ～ 10,000円
納品完了日　-
掲載日　2021年01月20日
応募期限　2021年01月27日
応募状況

依頼タイトルを作成します。今回はYOUTUBERチャンネルのSNSや問い合わせ先などをデータを集め、入力していく作業をプロジェクト形式で募集しました。1件当たりの作業単価や概要をタイトルで強調しています。

作業事例 軽作業

依頼文を作成する 手順 2

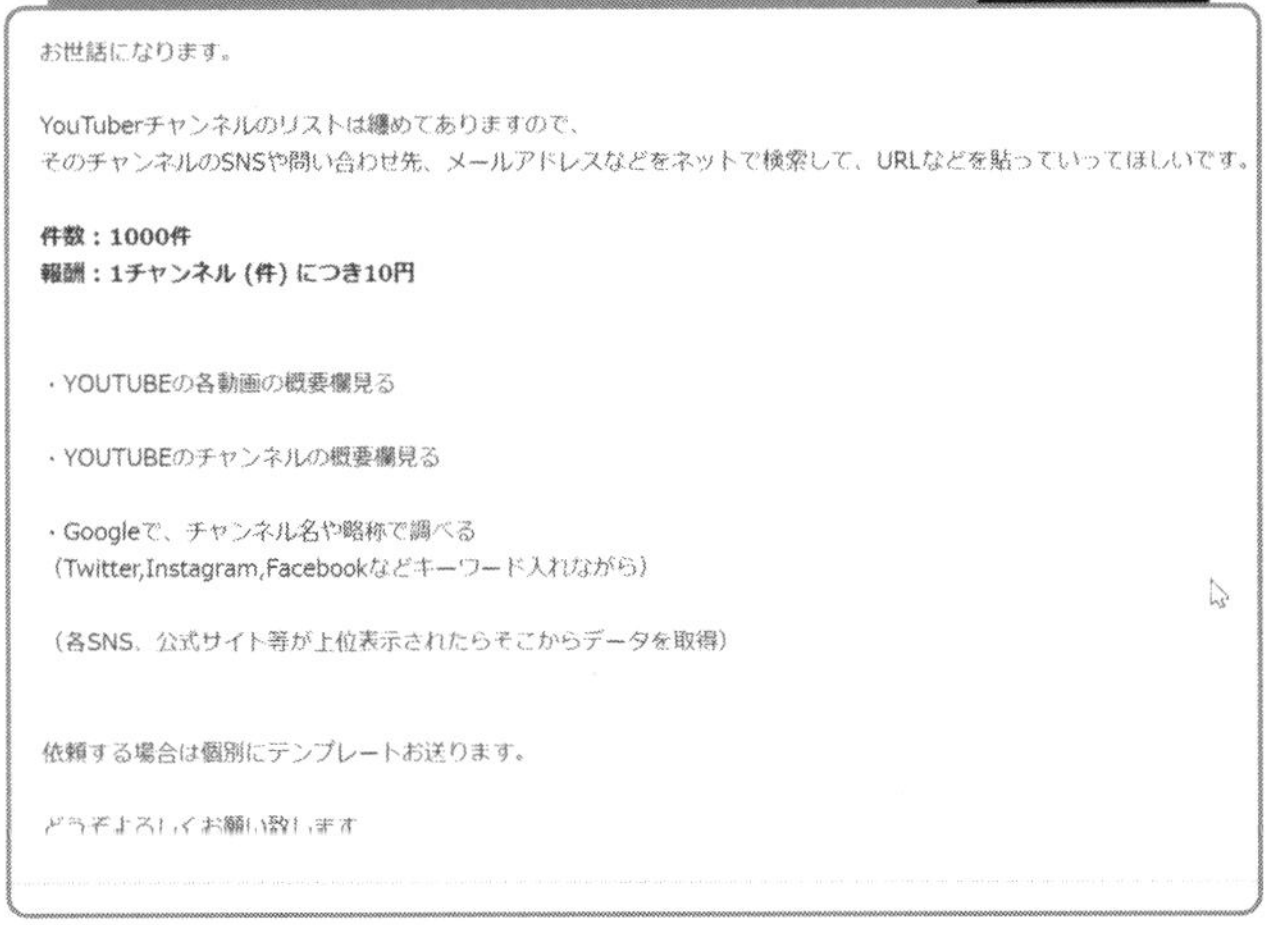
お世話になります。
YouTuberチャンネルのリストは纏めてありますので、
そのチャンネルのSNSや問い合わせ先、メールアドレスなどをネットで検索して、URLなどを貼っていってほしいです。
件数：1000件
報酬：1チャンネル（件）につき10円
・YOUTUBEの各動画の概要欄見る
・YOUTUBEのチャンネルの概要欄見る
・Googleで、チャンネル名や略称で調べる
（Twitter,Instagram,Facebookなどキーワード入れながら）

（各SNS、公式サイト等が上位表示されたらそこからデータを取得）

依頼する場合は個別にテンプレートお送ります。

どうぞよろしくお願い致します

依頼詳細です。ここでは依頼タイトルで説明しきれない内容を詳しく説明します。基本的にテンプレートは使わず、作業手順が簡潔に伝わるような書き方を心掛けています。

ワーカーとメッセージをやり取り 手順 3

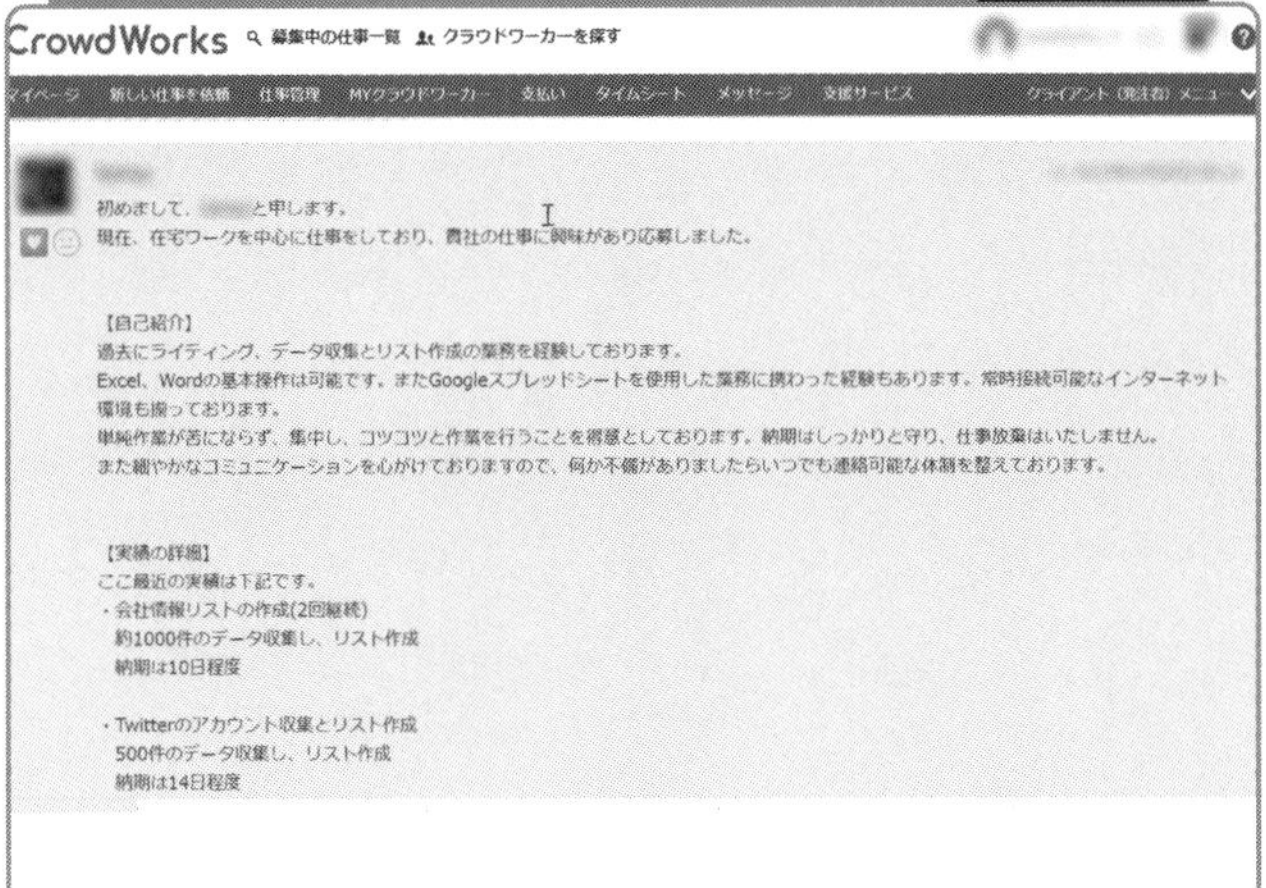
CrowdWorks
募集中の仕事一覧
クラウドワーカーを探す
初めまして、と申します。

現在、在宅ワークを中心に仕事をしており、貴社の仕事に興味があり応募しました。

【自己紹介】

過去にライティング、データ収集とリスト作成の業務を経験しております。

Excel、Wordの基本操作は可能です。またGoogleスプレッドシートを使用した業務に携わった経験もあります。常時接続可能なインターネット環境も揃っております。

単純作業が苦にならず、集中し、コツコツと作業を行うことを得意としております。納期はしっかりと守り、仕事放棄はいたしません。

また細やかなコミュニケーションを心がけておりますので、何か不備がありましたらいつでも連絡可能な体制を整えております。

【実績の詳細】

ここ最近の実績は下記です。
・会社情報リストの作成(2回継続)
約1000件のデータ収集し、リスト作成
納期は10日程度
・Twitterのアカウント収集とリスト作成
500件のデータ収集し、リスト作成
納期は14日程度

先程の募集掲載後、ワーカーからの応募がきました。今回はプロジェクト形式なので、プロフィールやメッセージを確認して依頼するワーカーを選定します。

ワーカーに作業を発注 手順4

先程のワーカーとのメッセージのやりとりです。概ね2〜3往復し、問題なさそうなら作業スタートとなります。

成果物を確認する 手順5

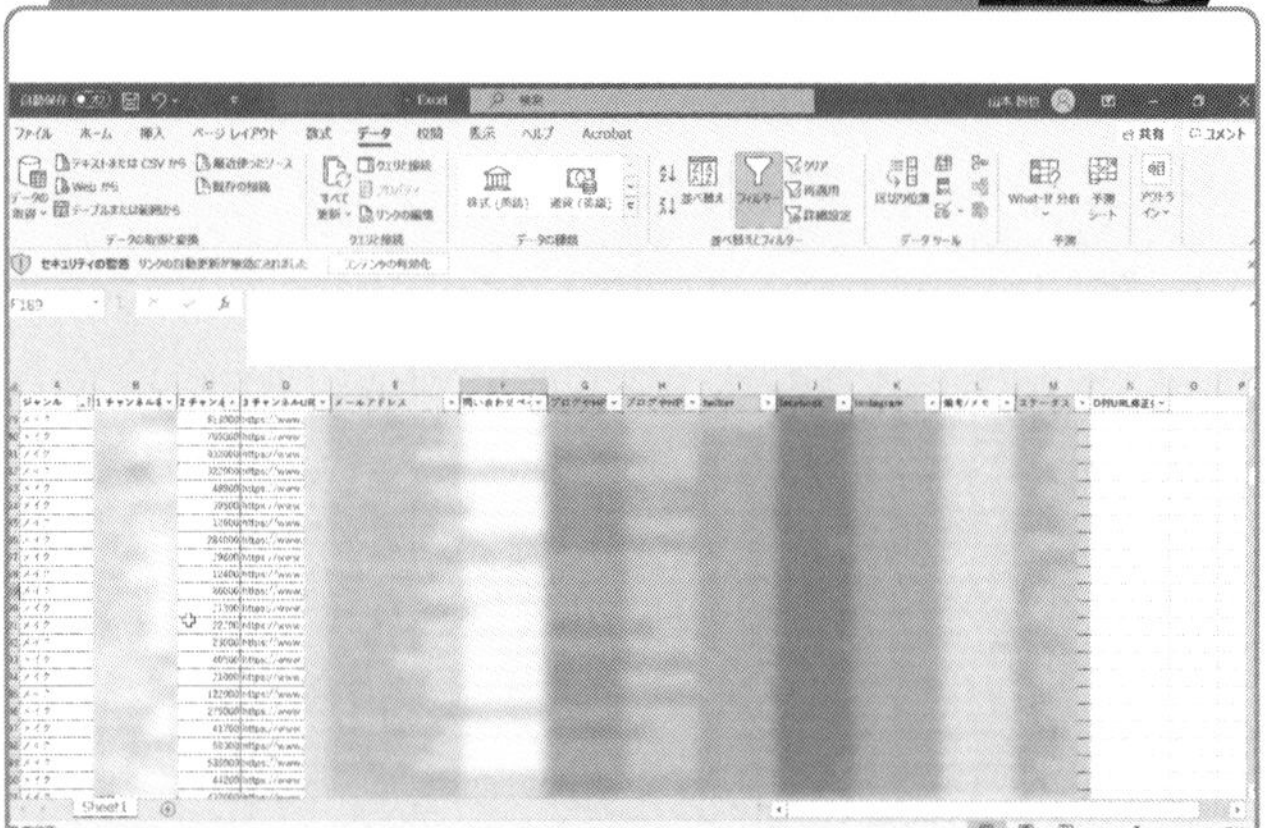

発注後、ワーカーから上がってきた納品物です。今回はデータ収集の依頼だったため、事前にエクセルデータを渡し、それを埋める形で作業してもらいました。納品データが問題なければ作業完了です。

作業事例

アンケート

タスク形式を使ったアンケートの依頼事例です。データ入力やアイデア出し、イメージ調査など、依頼の仕方を工夫することで様々な活用方法があります。

募集タイトルを作成する 手順1

マイページ　新しい仕事を依頼　仕事管理　MYクラウドワーカー　支払い　タイムシート　メッセージ　支援サービス
マイページ » 仕事を探す » 事務・カンタン作業 » 質問・アンケート・デ… » 質問・アンケート » 【Instagram】10,000人以上フォロワー…
【Instagram】10,000人以上フォロワー数の美容系インフルエンサーを教えて下さい！ 質問・アンケートの仕事の依頼
(973件のレビュー)　本人確認済み　発注ルールチェック済み
タスク　5円 / 件
募集件数　1500件
1人あたりの作業件数　制限なし
掲載日
応募期限
応募状況

タスク形式でアンケートを取った事例です。今回はインスタグラムの美容系インフルエンサーのデータ収集を目的に発注しました。

募集本文を作成する 手順2

仕事の詳細

【Instagram】10,000人以上フォロワー数の美容系インフルエンサーを教えて下さい！

○日本のアカウントです。
○美容系アカウントです。

氏名
InstagramID
フォロワー数
性別
カテゴリー
インスタグラムURL（指定あり）

入力お願いします。

インスタグラムURLは、必ず、
https://www.instagram.com/　を含むチャンネルURLをご入力ください。

美容系以外のインスタグラムアカウントを記載頂いたとしても、非承認NGとさせていただきますので、ご理解下さい。

以上になります。よろしくお願い致します。

作業内容詳細です。ワーカーに入力してもらいたい内容、入力時の注意事項などが、できるだけシンプルに伝わるような書き方をしています。

アンケートの内容を指定する 手順3

作業内容の詳細（プレビュー）

1. 氏名　必須　重複不可
例

400文字以下

2. InstagramID　必須　重複不可
例：

400文字以下

3. フォロワー数　必須
このように整数で、85000　表記お願いします。

400文字以下

4. 性別　必須

今回はタスク形式のアンケートなので、入力フォーマットを作成します。

作業事例 アンケートその1 ／その2

成果物を確認する 手順4

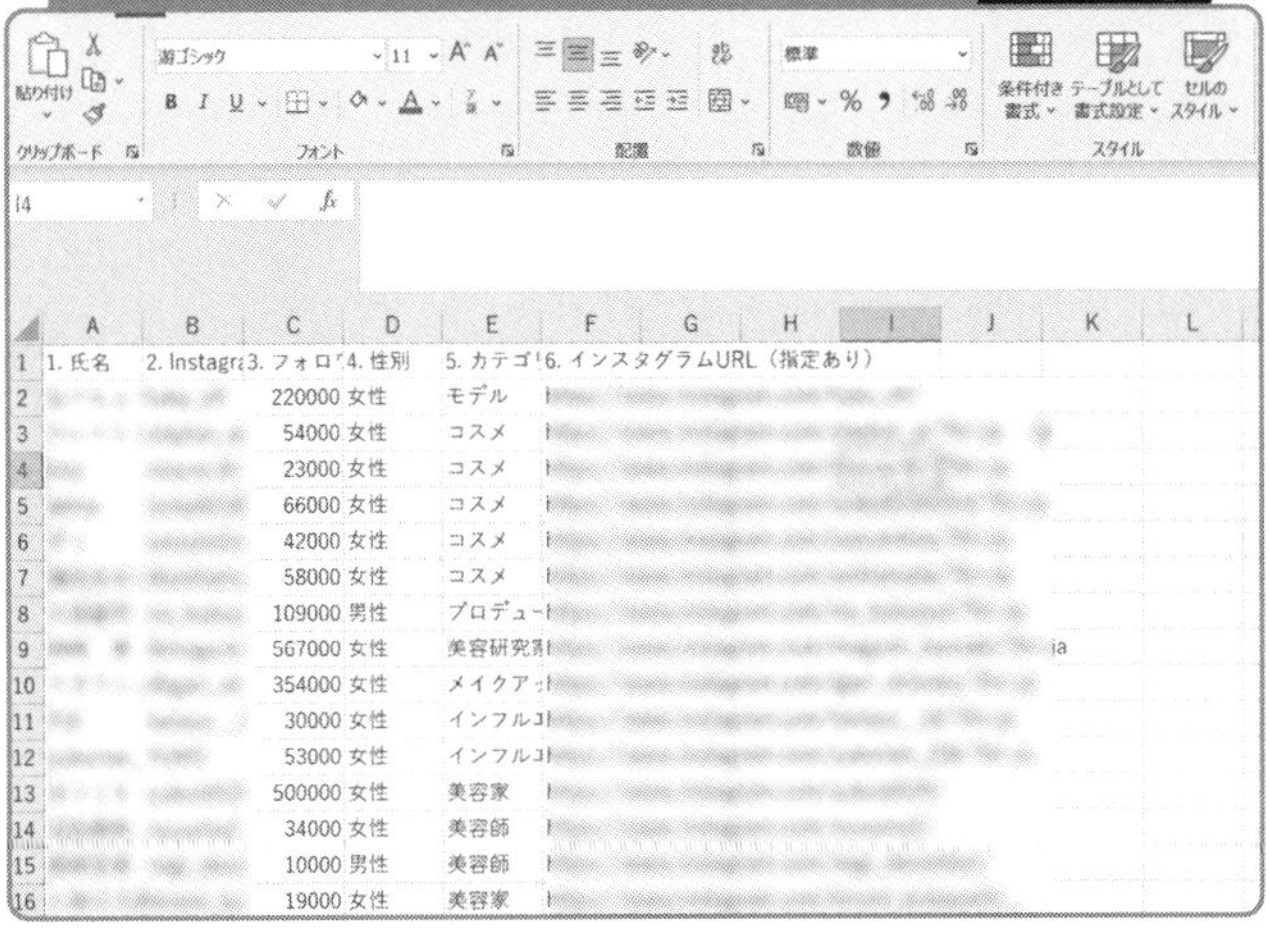

先程の依頼発注後、上がってきた納品物です。クラウドワークスではアンケートの集計結果をエクセルデータに移し替える機能があります。 今回もその機能を使ってエクセルデータとして回収しています。

募集タイトルを作成する 手順1

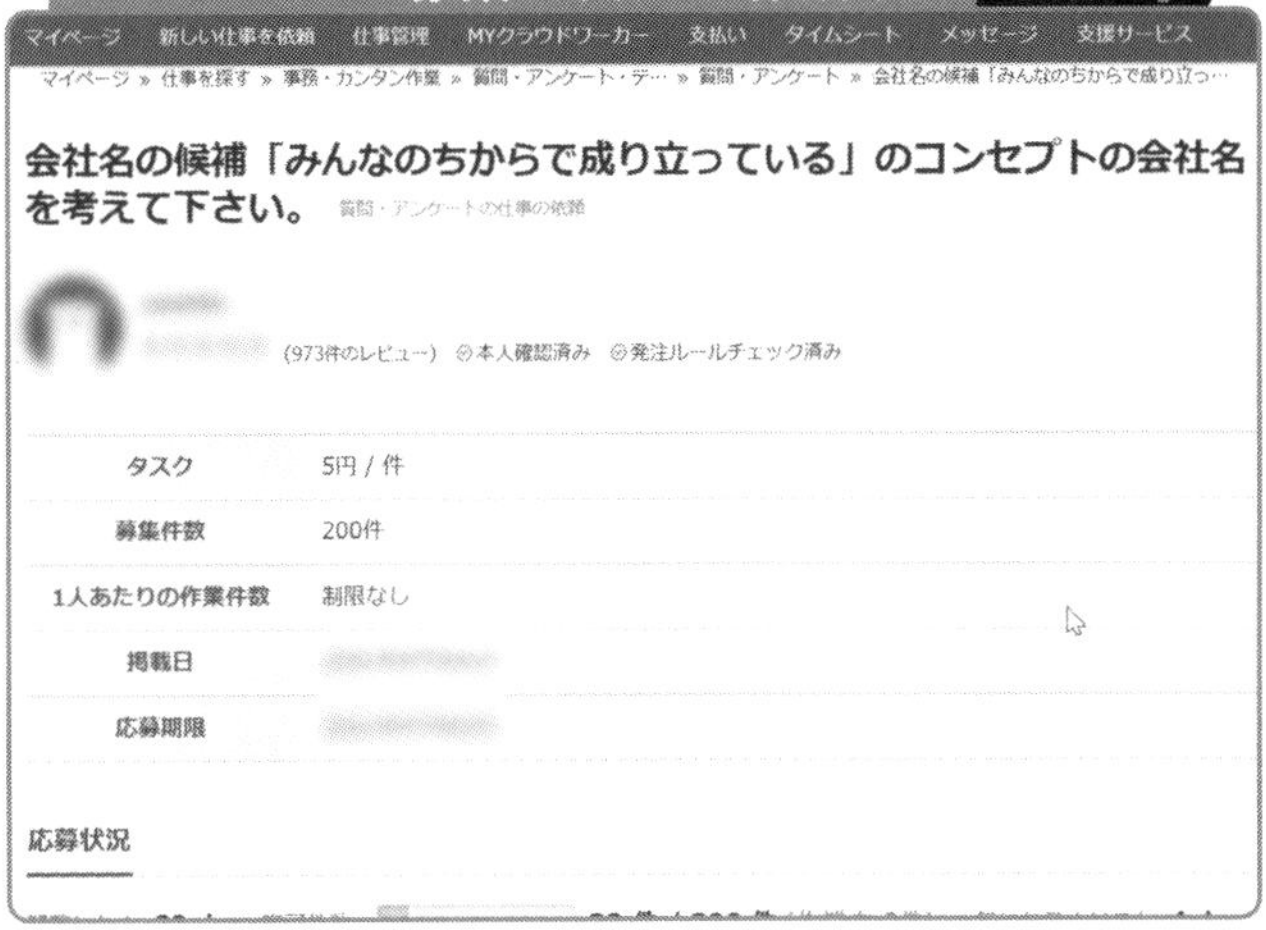

アンケート事例二つ目です。 アンケートはやり方次第でアイデア出しとしても使うことができます。 今回は会社名のアイデア出しを依頼しました。

アンケート内容を指定する 手順2

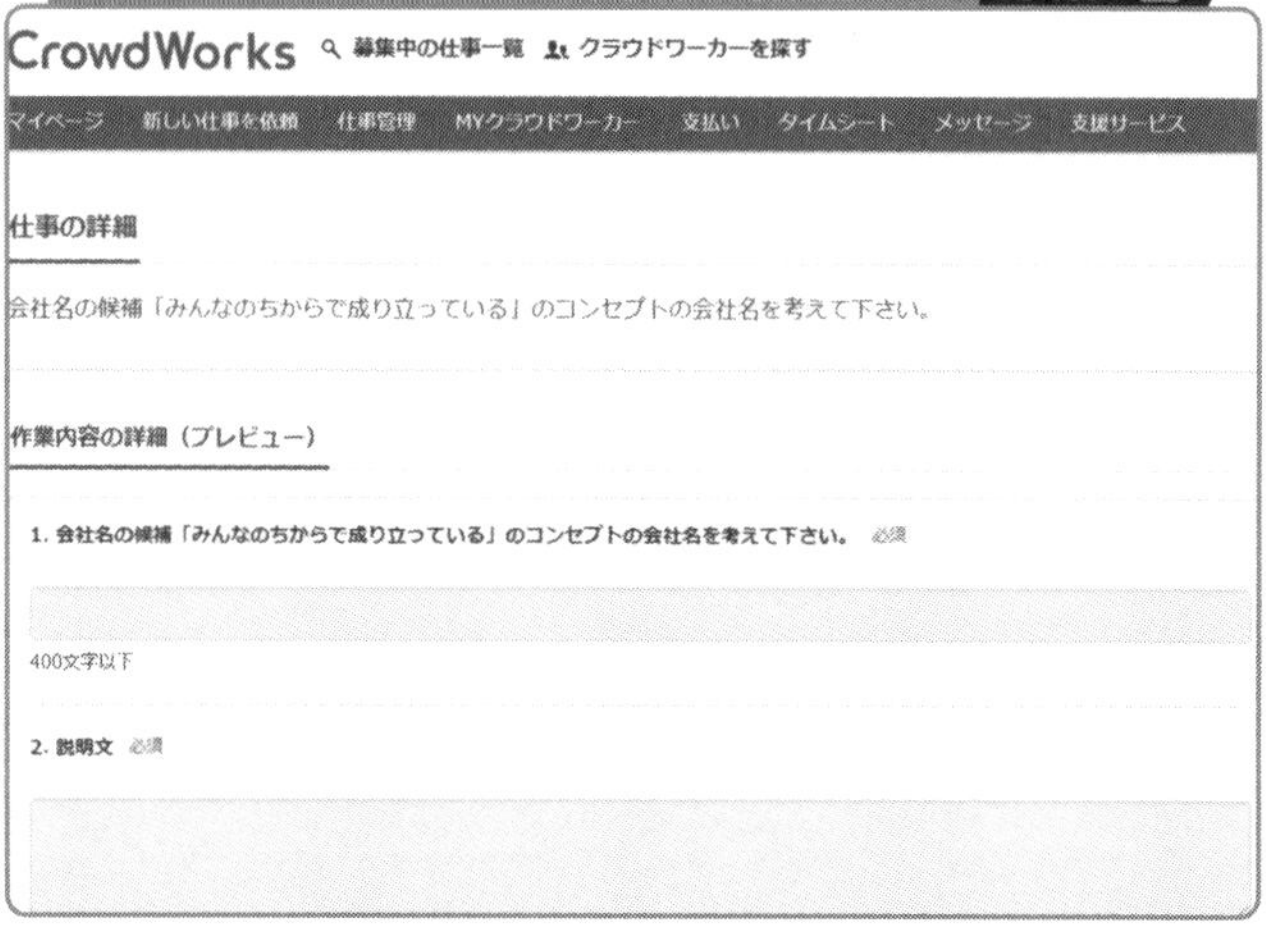

作成したアンケートのフォーマットです。ワーカーに考えてもらいたい会社名と、その説明文を記入できるようにしています。

成果物を確認する 手順3

CrowdWorks　🔍 募集中の仕事一覧　⚑ クラウドワーカーを探す

マイページ　新しい仕事を依頼　仕事管理　MYクラウドワーカー　支払い　タイムシート　メッセージ　支援サービス

ステータス	ワーカー	完了日時	承認日時	1. 会社名の候補「みんなのちからで成り立っている」のコンセプトの会社名を考えて下さい。	2. 説明文
承認済み 内容確認	作業承認率: 97% ♥ありがとう 41　作業一覧			シェイクハンド	手と手を取り合うという発想から思い付きました
承認済み 内容確認	作業承認率: 98% ♥ありがとう 24　作業一覧			ハイファイブ（HIGH-FIVE / HIGH-5）	みんなで仕事を成功させてハイタッチするイメージです。和製英語のハイタッチのもとなっているHIGH-FIVEです。HIGHが高みを目指すイメージにも繋がると思いました。
承認済み 内容確認	作業承認率: 98% ♥ありがとう 24　作業一覧			ハイタッチ	みんなで仕事を成功させてハイタッチするイメージです。
承認済み 内容確認	作業承認率: 99% ♥ありがとう 621　作業一覧			ミナミナ	「皆」ということを2回重ねて強調

納品されたアンケートの一覧です。こちら側のコストは1件5円、最大1000円にもかかわらず、様々な角度からアイデアを出してもらうことができます。

作業事例　アンケートその3

募集タイトルを作成する　手順 1

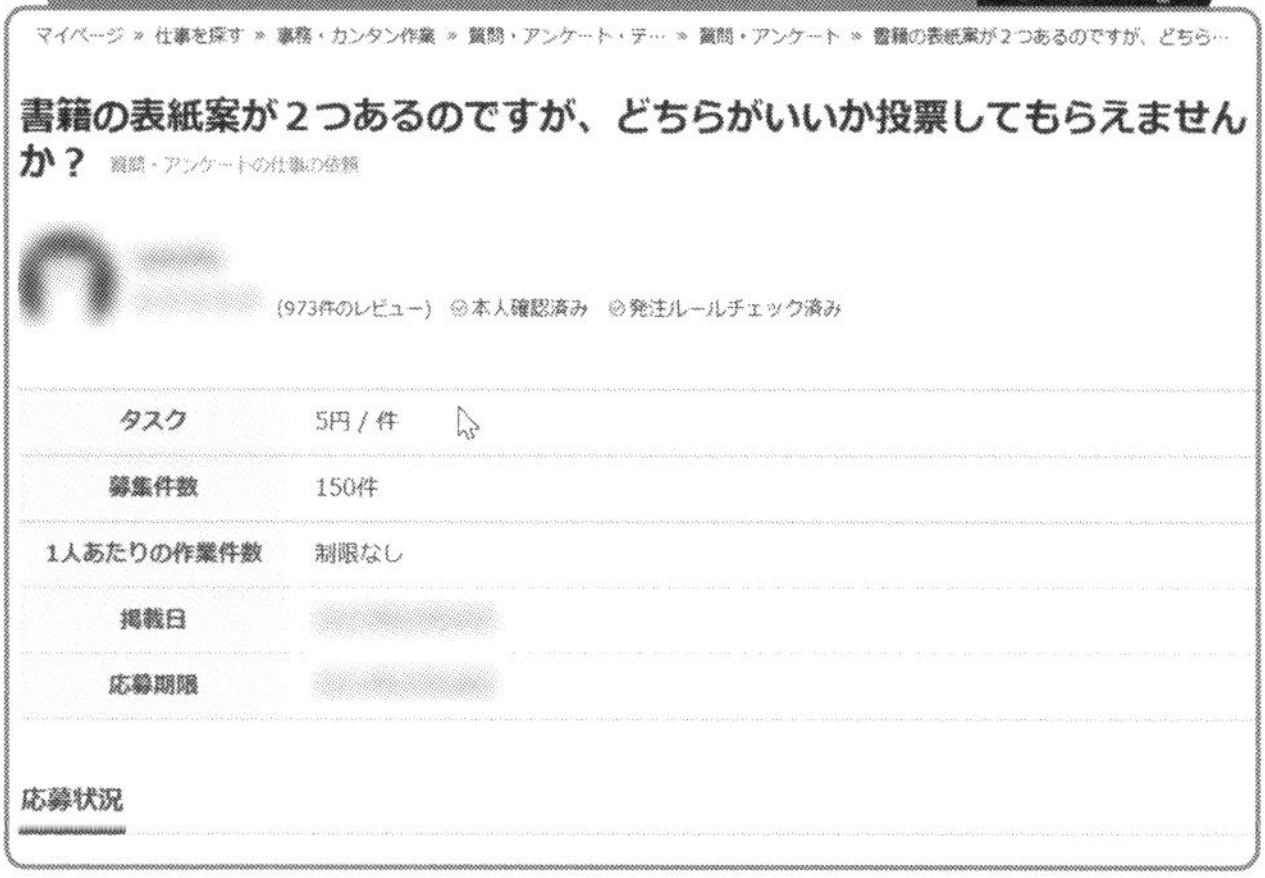
マイページ » 仕事を探す » 事務・カンタン作業 » 質問・アンケート・テ… » 質問・アンケート » 書籍の表紙案が２つあるのですが、どちら…

書籍の表紙案が２つあるのですが、どちらがいいか投票してもらえませんか？ 質問・アンケートの仕事の依頼

(973件のレビュー)　◎本人確認済み　◎発注ルールチェック済み

タスク	5円 / 件
募集件数	150件
1人あたりの作業件数	制限なし
掲載日	
応募期限	

応募状況

アンケート事例3つ目です。書籍の表紙案 A と B、どちらがよいと思うかを答えてもらいました。自分で判断できるような事柄でも、客観的な印象を把握するために、あえてアンケートを取ることもよくあります。

募集本文を作成する　手順 2

作業内容の詳細（プレビュー）

1. 性別　必須

○ 男性
○ 女性

2. 年齢　必須

□ ２０歳以下
□ ２０～２９歳
□ ３０～３９歳
□ ４０～４９歳
□ ５０～５９歳
□ ６０歳以上～

3. どちらの表紙がいいでしょうか？　必須

名称未設定 1.jpg
985KB

作成した解答フォーマットです。今回は表紙 A、B の画像の選択以外にも、回答者の年齢、性別も併せて答えてもらっています。

作業事例

あ
A

翻訳

翻訳作業の依頼事例です。日本語→外国語、外国語→日本語、どちらのケースでも依頼することができます。また、英語だけでなくスペイン語や中国語など、よほどマイナーな言語でなければワーカーが見つかるのもポイントです。

依頼タイトルを作成する 手順1

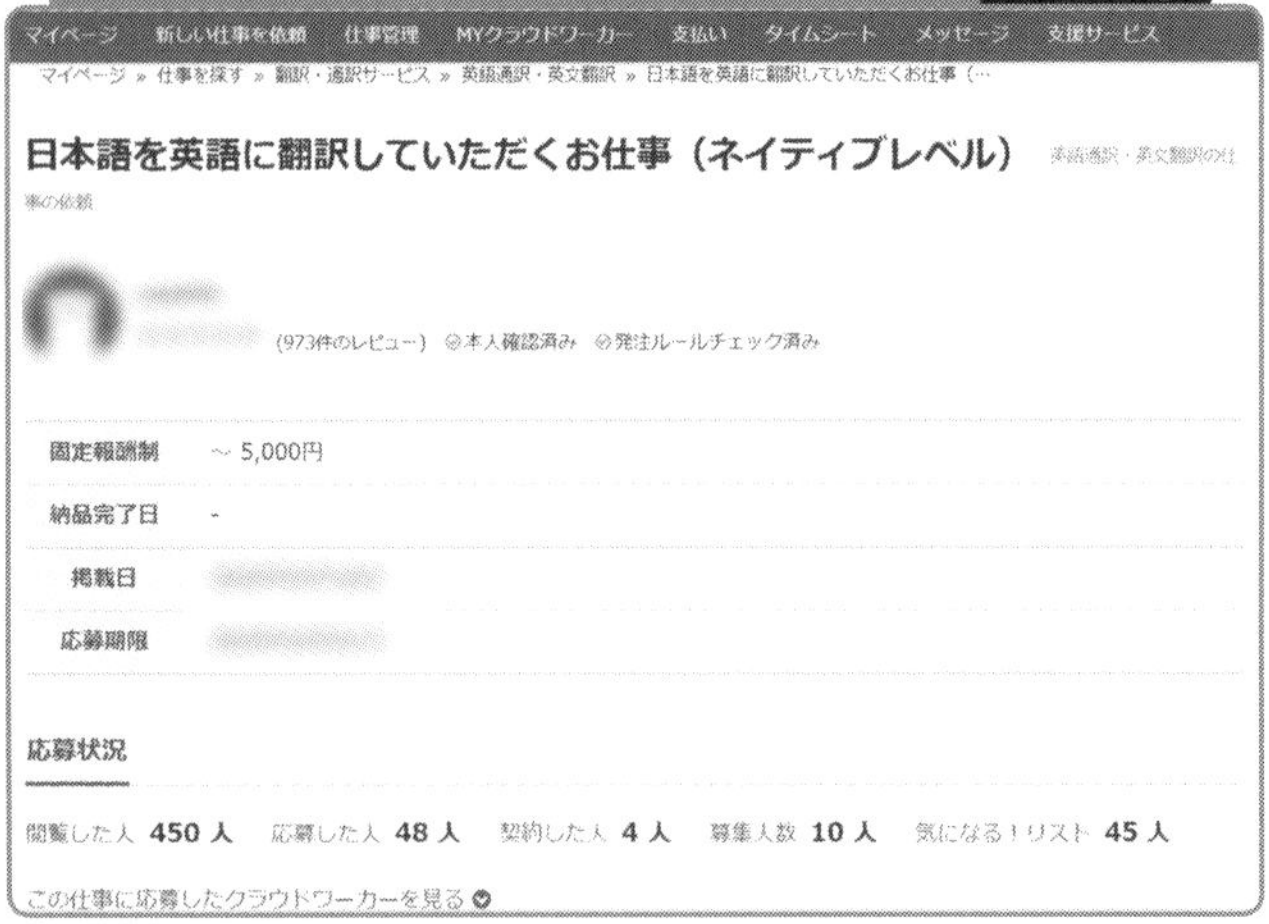
マイページ　新しい仕事を依頼　仕事管理　MYクラウドワーカー　支払い　タイムシート　メッセージ　支援サービス
マイページ » 仕事を探す » 翻訳・通訳サービス » 英語通訳・英文翻訳 » 日本語を英語に翻訳していただくお仕事（…
日本語を英語に翻訳していただくお仕事（ネイティブレベル）
英語通訳・英文翻訳の仕事の依頼
(973件のレビュー)　本人確認済み　発注ルールチェック済み
固定報酬制　～ 5,000円
納品完了日　-
掲載日
応募期限
応募状況
閲覧した人 450 人　応募した人 48 人　契約した人 4 人　募集人数 10 人　気になる！リスト 45 人
この仕事に応募したクラウドワーカーを見る

翻訳作業の依頼タイトルです。今回は日本語→英語の翻訳を依頼しました。作業自体は見たままですが、ワーカー側にレベル感を簡潔に伝えるため「ネイティブレベル」と一言加えています。

作業事例 翻訳その1

依頼内容を作成する 手順2

CrowdWorks
募集中の仕事一覧
クラウドワーカーを探す
マイページ 新しい仕事を依頼 仕事管理 MYクラウドワーカー 支払い タイムシート メッセージ 支援サービス
この仕事に応募したクラウドワーカーを見る
仕事の詳細
日本語のテキストを英語に翻訳していただくお仕事です。
日本語のニュアンスをその国の文化にあわせてローカライズするため、翻訳機などではなくネイティブレベルの英語力を持っている方にお願いしたいです。
理想は幼少期から英語圏で暮らしていた方ですが、ネイティブで話せる、通じるという方なら問題ありません。
一度サンプルテストとして提出していただいた後にネイティブチェックが入ります。
ここで問題なければ本採用となります。
また、本採用となった方には数万文字の案件が月に10～20本程度は依頼可能になる予定です。
1文字2円での発注となりますが、継続的に依頼可能になるということで、ぜひご応募お待ちしております。

依頼内容詳細です。タイトルで出した「ネイティブレベル」をより詳しく伝えるために、理想のスキル像を紹介するなどしてイメージしやすくしています。

ワーカー選定とサンプルテスト 手順3

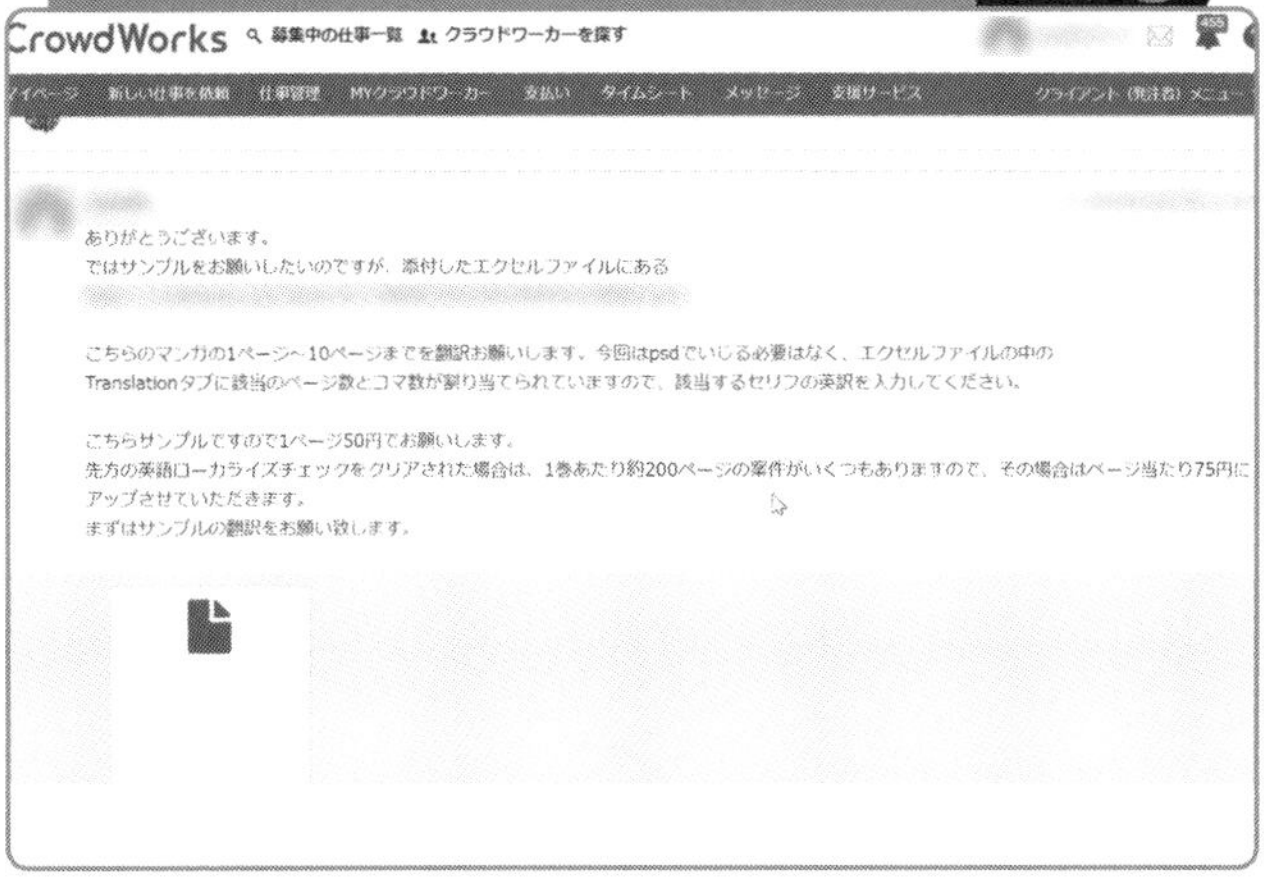
CrowdWorks
募集中の仕事一覧
クラウドワーカーを探す
マイページ 新しい仕事を依頼 仕事管理 MYクラウドワーカー 支払い タイムシート メッセージ 支援サービス クライアント（発注者）メニュー
ありがとうございます。
ではサンプルをお願いしたいのですが、添付したエクセルファイルにある
こちらのマンガの1ページ～10ページまでを翻訳お願いします。今回はpsdでいじる必要はなく、エクセルファイルの中のTranslationタブに該当のページ数とコマ数が割り当てられていますので、該当するセリフの英訳を入力してください。
こちらサンプルですので1ページ50円でお願いします。
先方の英語ローカライズチェックをクリアされた場合は、1巻あたり約200ページの案件がいくつもありますので、その場合はページ当たり75円にアップさせていただきます。
まずはサンプルの翻訳をお願い致します。

募集文掲載後、応募があったのでサンプルテストを依頼しました。翻訳作業のようにワーカーの作業量が多い場合、このように一度力量をチェックして問題なければ依頼する形式を取ることも多いです。

成果物をチェックする 手順4

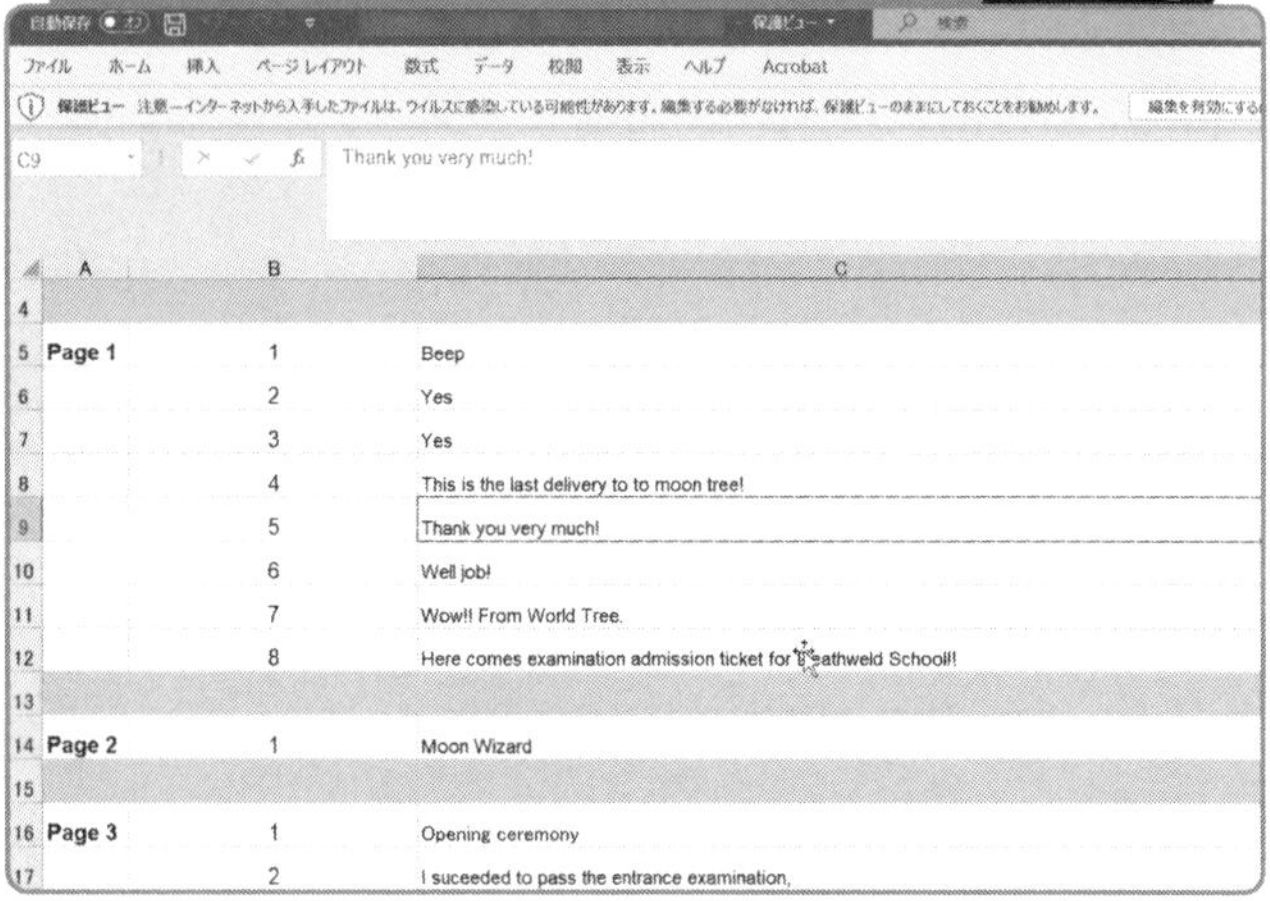

自動保存
保護ビュー
検索
ファイル ホーム 挿入 ページレイアウト 数式 データ 校閲 表示 ヘルプ Acrobat
保護ビュー 注意—インターネットから入手したファイルは、ウイルスに感染している可能性があります。編集する必要がなければ、保護ビューのままにしておくことをお勧めします。
編集を有効にする
C9
Thank you very much!
A B C
Page 1 1 Beep
2 Yes
3 Yes
4 This is the last delivery to to moon tree!
5 Thank you very much!
6 Well job!
7 Wow!! From World Tree.
8 Here comes examination admission ticket for Deathweld School!!
Page 2 1 Moon Wizard
Page 3 1 Opening ceremony
2 I suceeded to pass the entrance examination,

サンプルテスト依頼後、ワーカーから送られてきた成果物です。今回はまず、この成果物にネイティブチェックを行い、問題がなければ本依頼するという流れで進めました。

募集タイトルを作成する 手順1

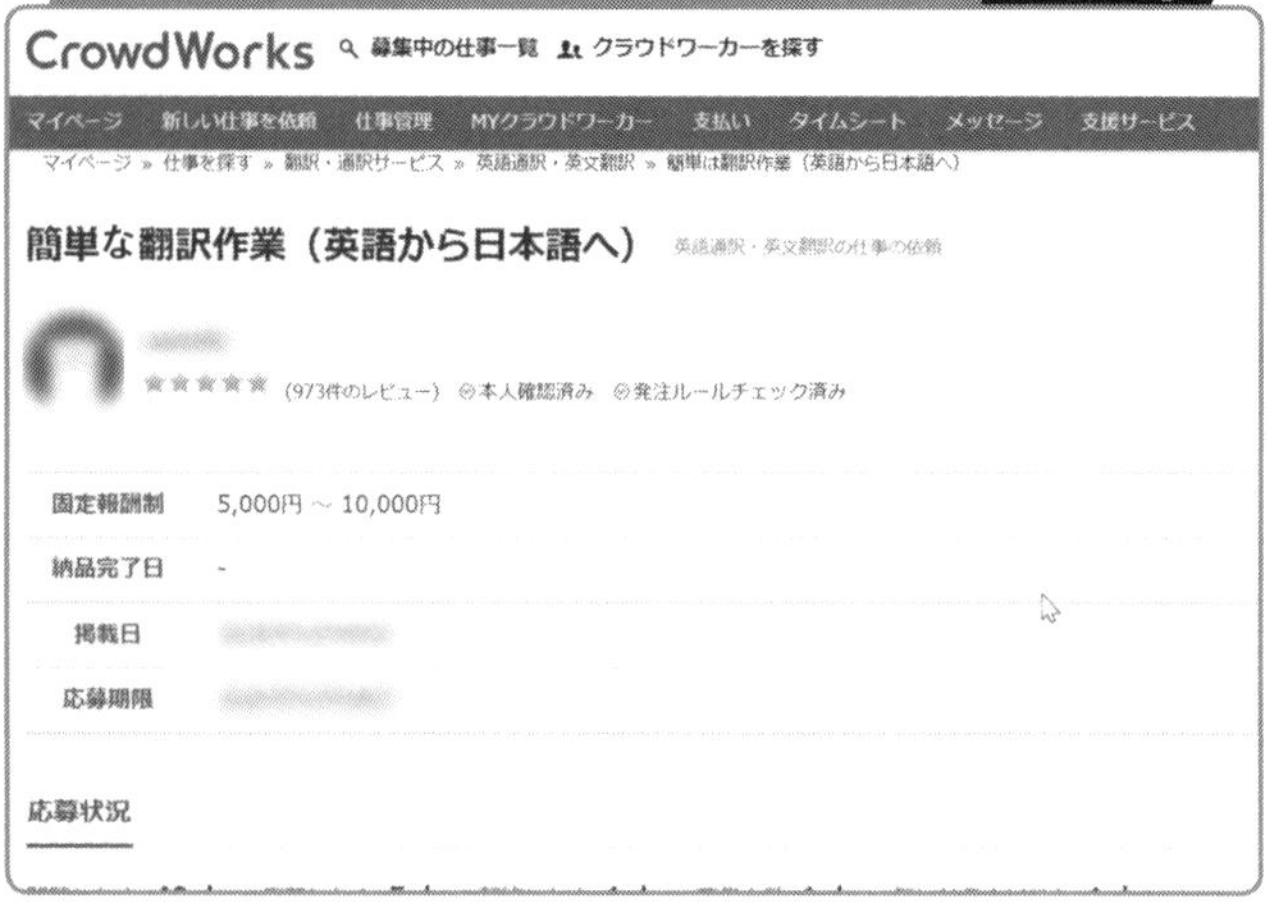

CrowdWorks
募集中の仕事一覧
クラウドワーカーを探す
マイページ 新しい仕事を依頼 仕事管理 MYクラウドワーカー 支払い タイムシート メッセージ 支援サービス
マイページ » 仕事を探す » 翻訳・通訳サービス » 英語通訳・英文翻訳 » 簡単な翻訳作業（英語から日本語へ）
簡単な翻訳作業（英語から日本語へ）
英語通訳・英文翻訳の仕事の依頼
(973件のレビュー) 本人確認済み 発注ルールチェック済み
固定報酬制 5,000円 ～ 10,000円
納品完了日 -
掲載日
応募期限
応募状況

翻訳事例の二つ目です。今回は英語→日本語の翻訳作業を依頼しました。

作業事例 翻訳その2

依頼内容を作成する 手順2

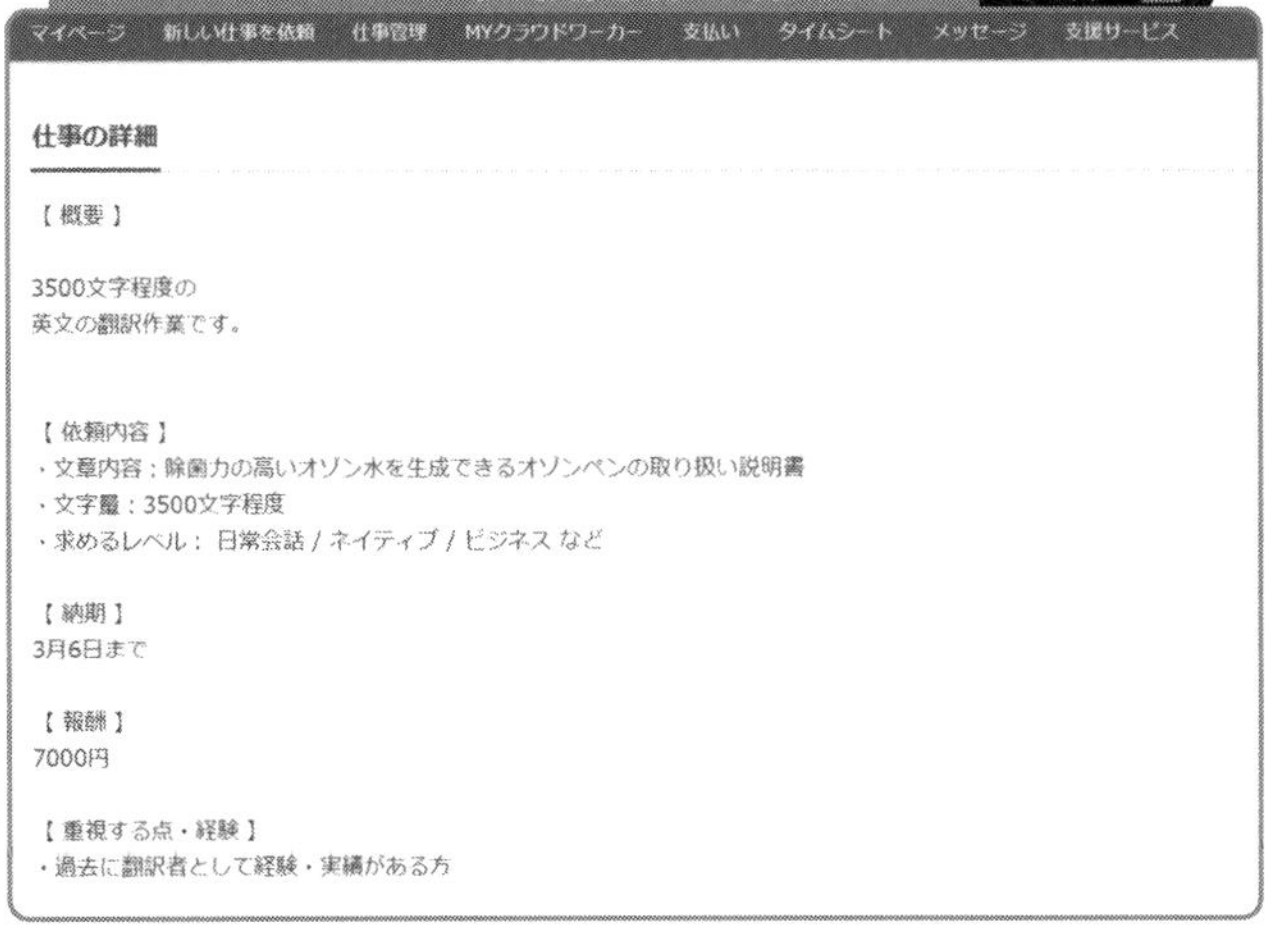

依頼詳細です。今回の依頼は比較的文字数も少なく、できるだけ早く納品してもらいたい案件だったので、サンプルチェックは行わず、かつ単価も高めで設定しています。

成果物をチェックする 手順3

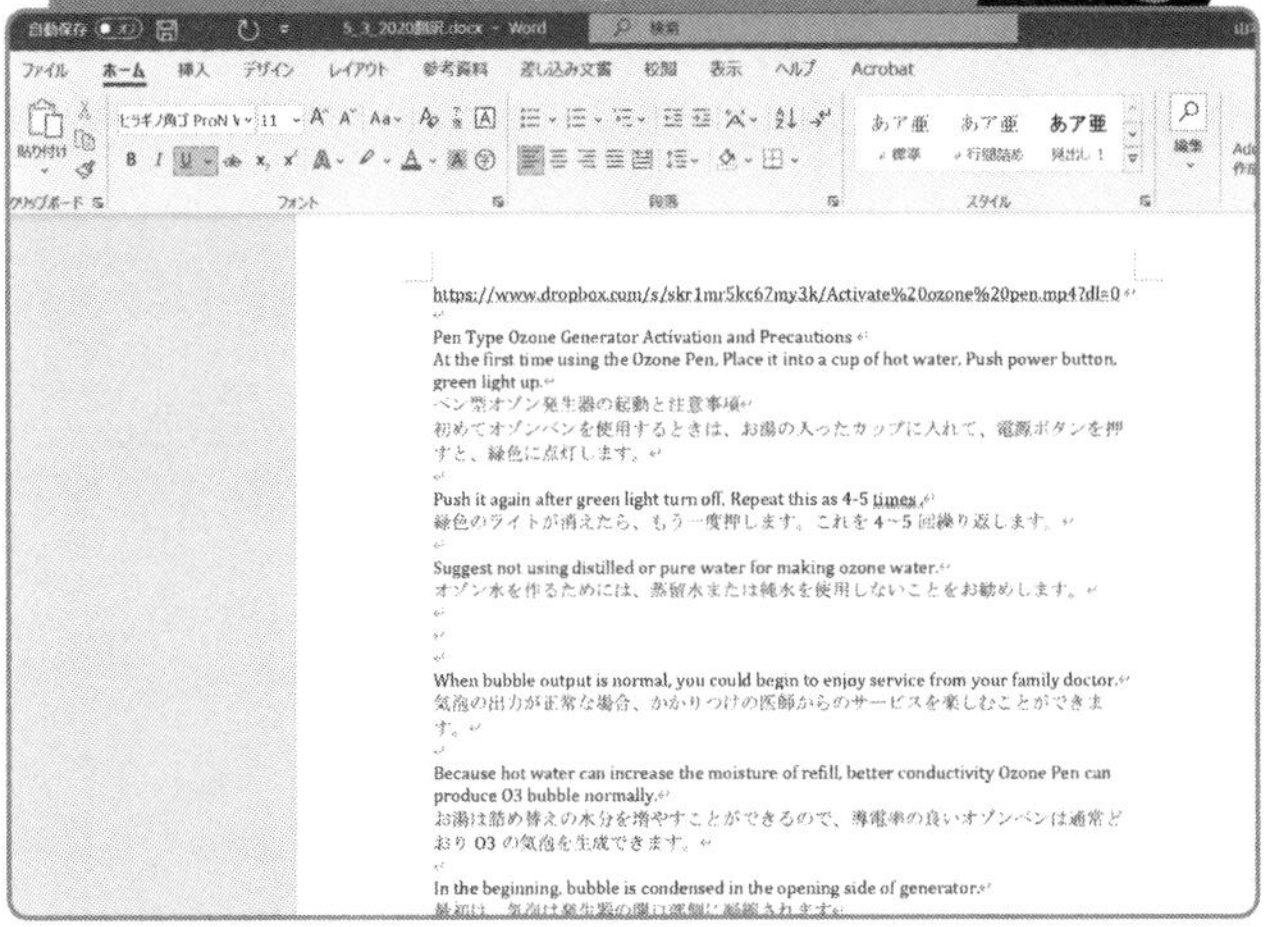

先程の依頼掲載後、ワーカーから上がってきた成果物です。今回のようにまとまった文章の翻訳では、画像のように Word 上で作業したものを納品してもらうケースもよくあります。

依頼タイトルを作成する 手順1

CrowdWorks
募集中の仕事一覧
クラウドワーカーを探す
マイページ 新しい仕事を依頼 仕事管理 MYクラウドワーカー 支払い タイムシート メッセージ 支援サービス
マイページ » 仕事を探す » 翻訳・通訳サービス » 英語通訳・英文翻訳 » 日本語のホームページの内容を韓国語に翻…
日本語のホームページの内容を韓国語に翻訳してもらう作業
依頼
(973件のレビュー) 本人確認済み 発注ルールチェック済み
固定報酬制 10,000円 ～ 50,000円
納品完了日 -
掲載日
応募期限
応募状況

翻訳事例三つ目です。今回は日本語→韓国語の翻訳を依頼しました。依頼タイトルには作業内容が簡潔に伝わるように「作業概要」「翻訳言語」を書いています。

依頼内容を作成する 手順2

CrowdWorks
募集中の仕事一覧
クラウドワーカーを探す
マイページ 新しい仕事を依頼 仕事管理 MYクラウドワーカー 支払い タイムシート メッセージ 支援サービス
応募状況
閲覧した人 70人 応募した人 3人 契約した人 1人 募集人数 1人 気になる！リスト 2人
この仕事に応募したクラウドワーカーを見る
仕事の詳細
日本語のホームページの内容を韓国語に翻訳してもらう作業です。
日本語のホームページの文字を韓国語に変換してもらう作業となります。
すでに、ワードファイルに日本語データを用意していますので、その下に韓国語をテキストで書き起こして貰えればと思います。
（もちろん、翻訳ソフトなどでの対応は不可です）
韓国語に携わっている実績等を記載の上、応募下さい。
お申込み後に、翻訳データをお送りしますので、
そちらで見積もりを頂ければと思います。

依頼内容詳細です。プロジェクト形式なので応募してきたワーカーとコミュニケーションをとり、見積もりを出してもらって選定します。以降の流れはほかの仕事と同様です。

作業事例

ナレーション

動画への声入れ(ナレーション)の依頼事例です。ナレーションは本人の属性(性別、声質)やスキルによっても大きくクオリティに差が出るので、その旨を依頼文で明確にしておくことがポイントです。

依頼タイトルを作成する 手順1

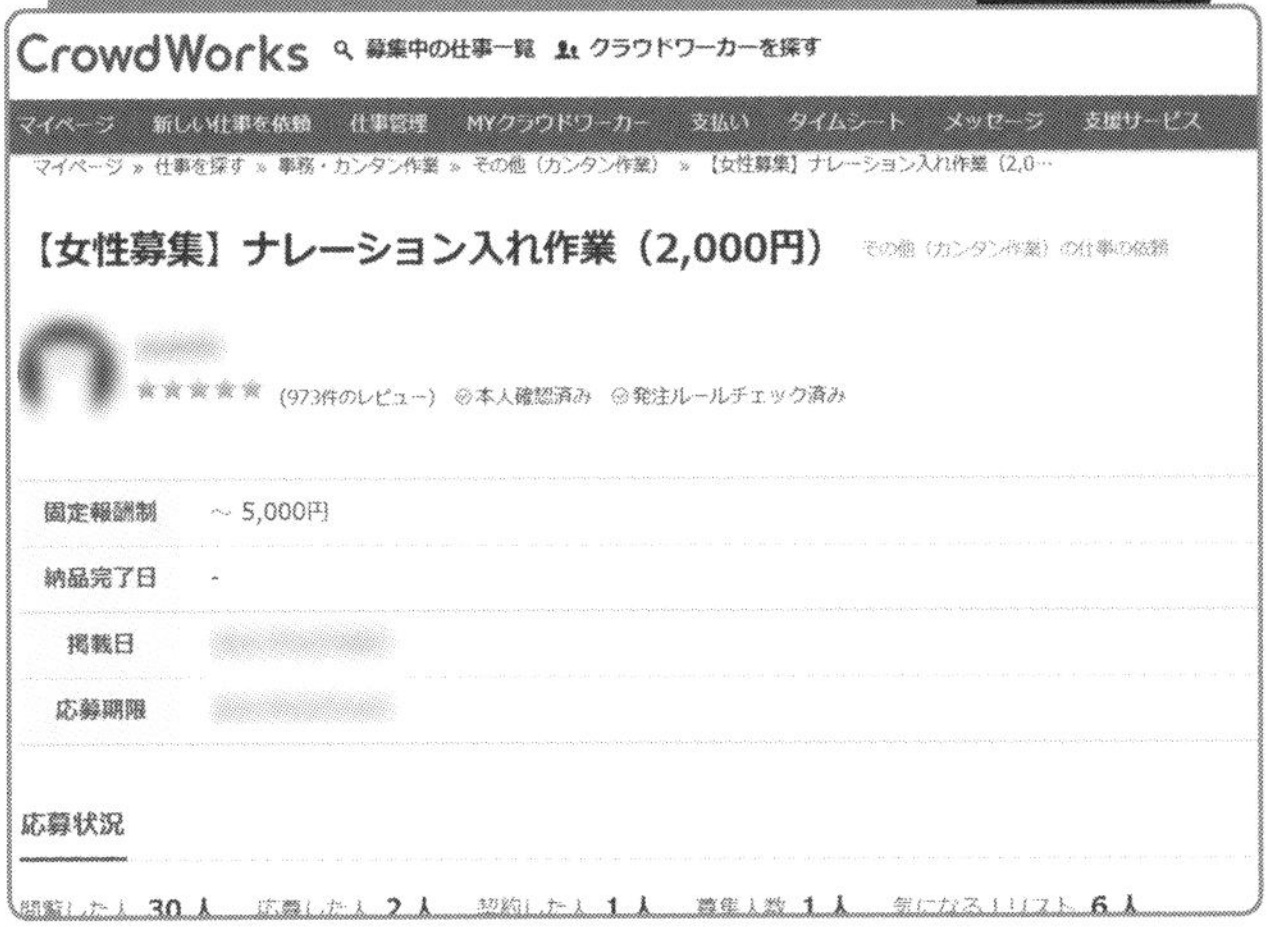
CrowdWorks
募集中の仕事一覧
クラウドワーカーを探す
マイページ 新しい仕事を依頼 仕事管理 MYクラウドワーカー 支払い タイムシート メッセージ 支援サービス
マイページ » 仕事を探す » 事務・カンタン作業 » その他（カンタン作業） » 【女性募集】ナレーション入れ作業（2,0…
【女性募集】ナレーション入れ作業（2,000円）
その他（カンタン作業）の仕事の依頼
(973件のレビュー) 本人確認済み 発注ルールチェック済み
固定報酬制 〜 5,000円
納品完了日 -
掲載日
応募期限
応募状況

依頼タイトルを記入します。ナレーション作業については性別や声質などが重要なポイントとなってくるので、「女性募集」といった形で依頼したいワーカーの属性を強調することが多いです。

依頼内容を作成する 手順2

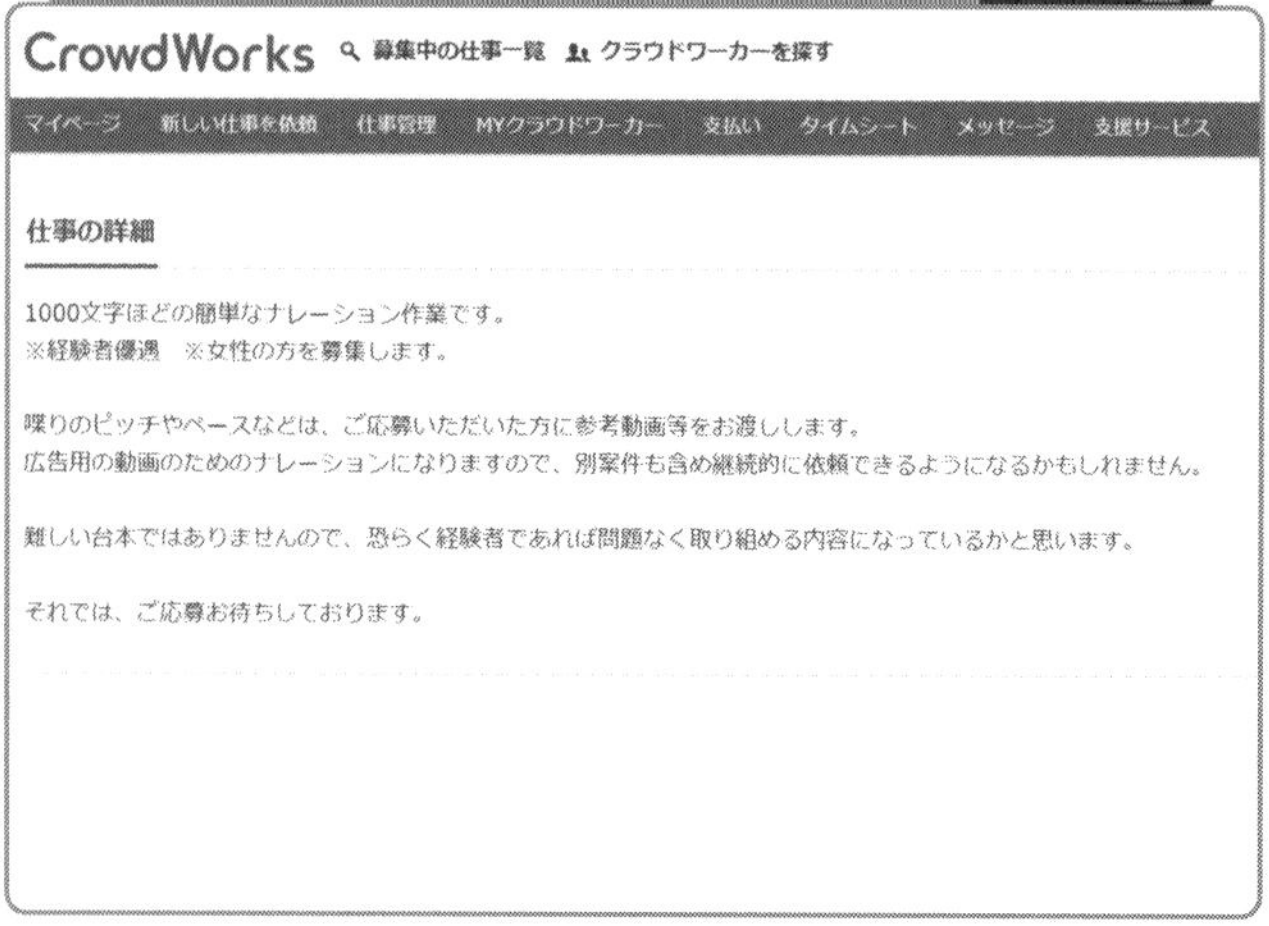
CrowdWorks
募集中の仕事一覧
クラウドワーカーを探す
マイページ 新しい仕事を依頼 仕事管理 MYクラウドワーカー 支払い タイムシート メッセージ 支援サービス
仕事の詳細
1000文字ほどの簡単なナレーション作業です。
※経験者優遇 ※女性の方を募集します。
喋りのピッチやペースなどは、ご応募いただいた方に参考動画等をお渡しします。

広告用の動画のためのナレーションになりますので、別案件も含め継続的に依頼できるようになるかもしれません。

難しい台本ではありませんので、恐らく経験者であれば問題なく取り組める内容になっているかと思います。

それでは、ご応募お待ちしております。


依頼詳細を記入します。今回は女性かつ経験者の声優さんにアプローチしたかったので、タイトルを補足する形で、その旨を本文内で強調しています。

ワーカーを選定し成果物をチェックする 手順3

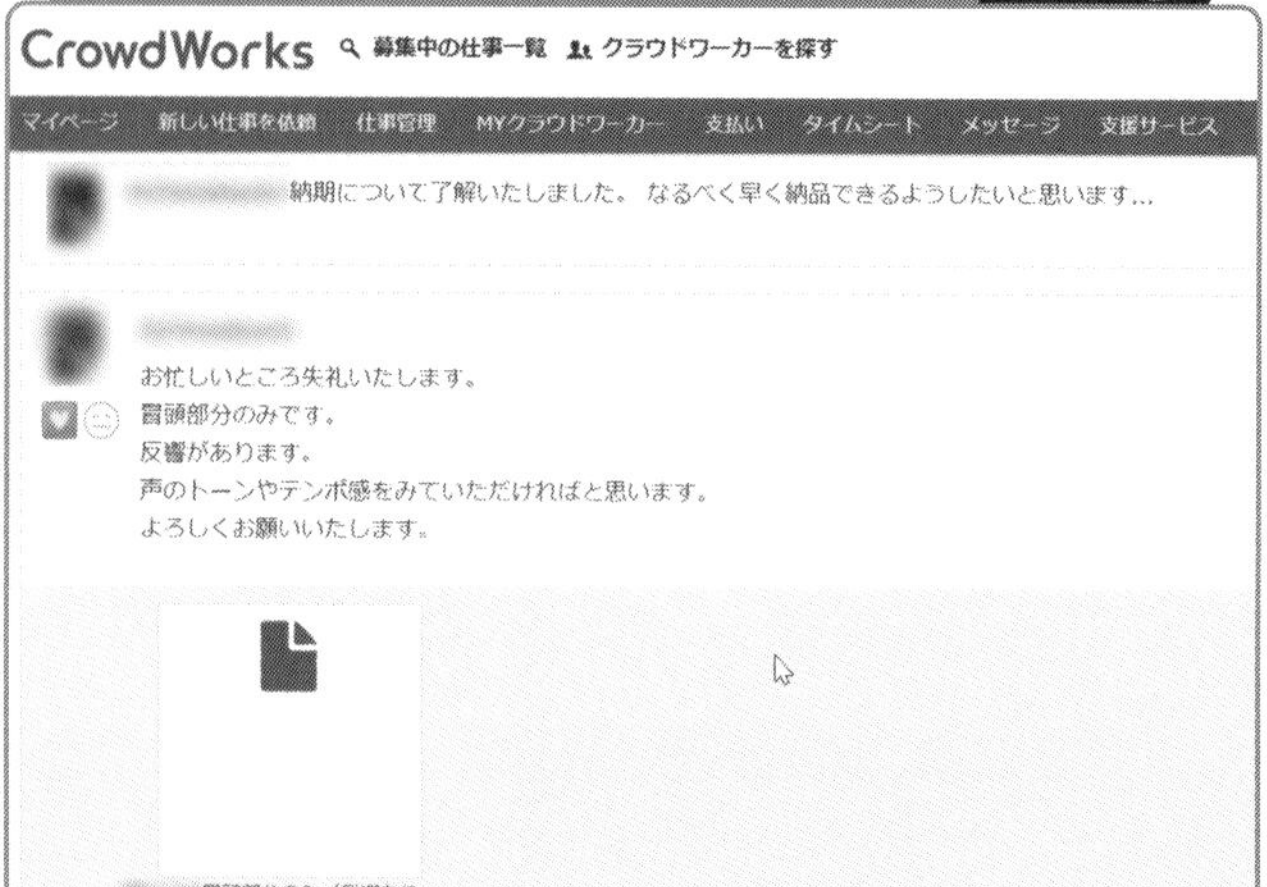
CrowdWorks
募集中の仕事一覧
クラウドワーカーを探す
マイページ 新しい仕事を依頼 仕事管理 MYクラウドワーカー 支払い タイムシート メッセージ 支援サービス
納期について了解いたしました。なるべく早く納品できるようしたいと思います…
お忙しいところ失礼いたします。
冒頭部分のみです。
反響があります。
声のトーンやテンポ感をみていただければと思います。
よろしくお願いいたします。
冒頭部分のみ（反響あり…

募集後、ワーカーからの応募があったので、サンプルチェックとして冒頭部分だけの声入れを依頼しました。この成果物をチェックして問題なければ、その後本依頼を行います。

作業事例

文字起こし

音声データなどをテキスト化する文字起こし依頼事例です。

比較的単純作業なので、募集文にはケバとりの有無、入力先の指定などができるだけシンプルに伝わるようにした方がよいでしょう。

手順1 依頼タイトルを作成する

CrowdWorks
募集中の仕事一覧
クラウドワーカーを探す
マイページ 新しい仕事を依頼 仕事管理 MYクラウドワーカー 支払い タイムシート メッセージ 支援サービス
マイページ » 仕事を探す » 事務・カンタン作業 » データ作成・入力 » テープ起こし・文字起… » 雑誌ページの文字起こし
雑誌ページの文字起こし
テープ起こし・文字起こしの仕事の依頼
(973件のレビュー) 本人確認済み 発注ルールチェック済み
固定報酬制 ～ 5,000円
納品完了日 -
掲載日
応募期限
応募状況
閲覧した人 220 人 応募した人 64 人 契約した人 1 人 募集人数 1 人 気になる！リスト 10 人

文字起こしの事例です。今回は雑誌内の特定ページの本文を文字起こししてもらいたかったので、作業内容をそのままタイトルに記入して募集しました。

依頼内容を作成する 手順2

閲覧した人 **220 人**　応募した人 **64 人**　契約した人 **1 人**　募集人数 **1 人**　気になる！リスト **10 人**

この仕事に応募したクラウドワーカーを見る

仕事の詳細

２ページにわたる雑誌の文字起こしをお願いします。

入力先はWordにお願いします。
金額は500円でお願いします。

写真は契約後にお渡しします。

その他ご質問等ありましたら、気軽にお問い合わせください。
ご応募をお待ちしております！

特記事項

急募

依頼内容の詳細です。作業内容、入力方法、単価をシンプルに伝えています。今回は2P の文字起こしを500円で発注しました。このようにちょっとした作業を外注化する形でもよく使います。

作業事例 文字起こしその2

依頼タイトルを作成する 手順1

マイページ 新しい仕事を依頼 仕事管理 MYクラウドワーカー 支払い タイムシート メッセージ 支援サービス
マイページ » 仕事を探す » ライティング・記事作成 » その他（ライティング） » 対談音声の文字起こし
対談音声の文字起こし
(973件のレビュー) 本人確認済み 発注ルールチェック済み
固定報酬制 5,000円 ~ 10,000円
納品完了日 -
掲載日
応募期限
応募状況
契約した人 1人
募集人数 1人

依頼事例二つ目です。今回は比較的スタンダードな音声データからの文字起こしの依頼です。

依頼内容を作成する 手順2

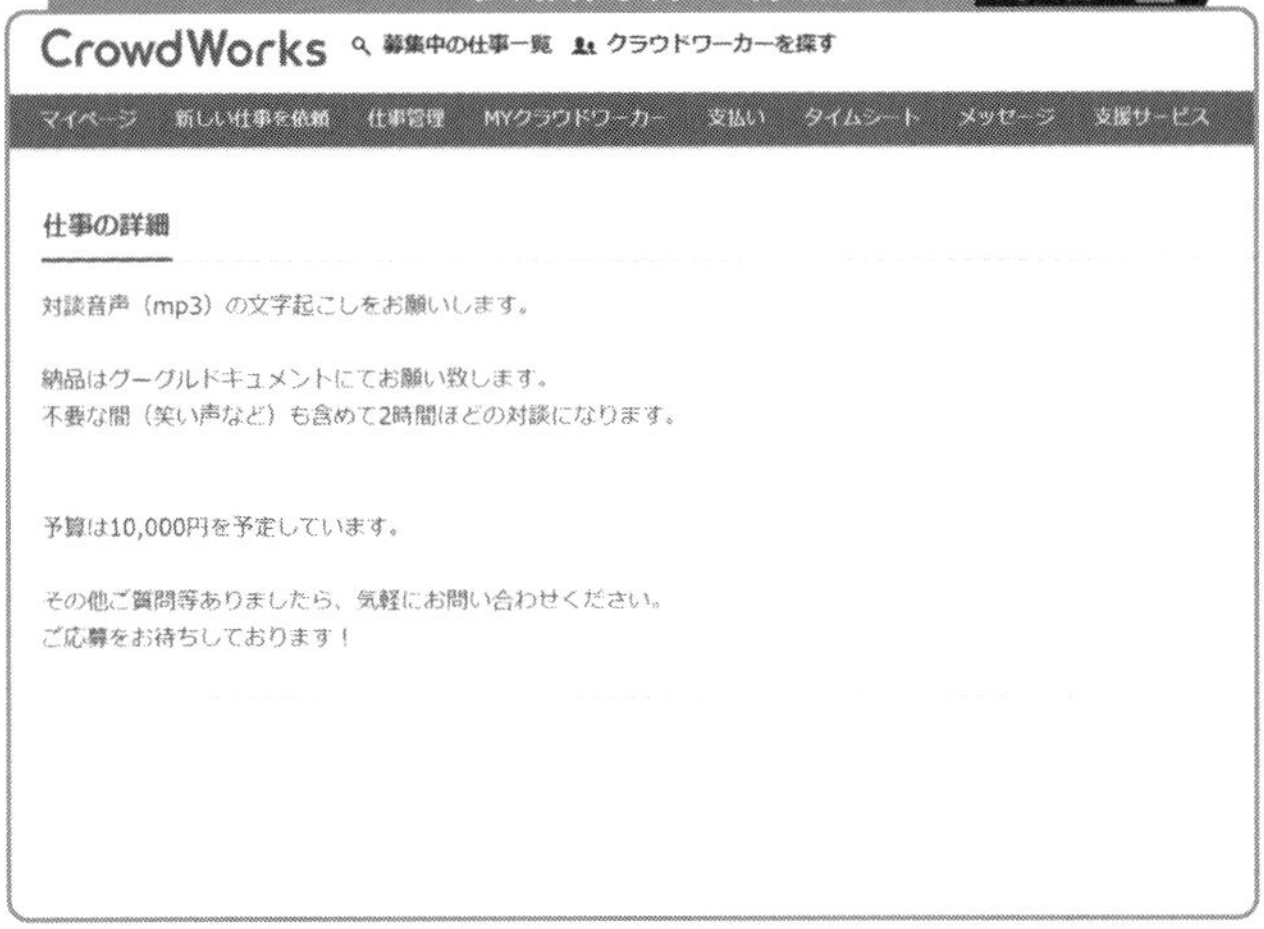
CrowdWorks 募集中の仕事一覧 クラウドワーカーを探す
マイページ 新しい仕事を依頼 仕事管理 MYクラウドワーカー 支払い タイムシート メッセージ 支援サービス
仕事の詳細
対談音声（mp3）の文字起こしをお願いします。
納品はグーグルドキュメントにてお願い致します。
不要な間（笑い声など）も含めて2時間ほどの対談になります。
予算は10,000円を予定しています。
その他ご質問等ありましたら、気軽にお問い合わせください。
ご応募をお待ちしております！

音声データや、納品時のファイル形式の指定、ケバとりの有無を記入します。文字起こしはクラウドソーシングの中でもありふれた作業ですし、依頼文もシンプルなもので十分です。

成果物をチェックする 手順3

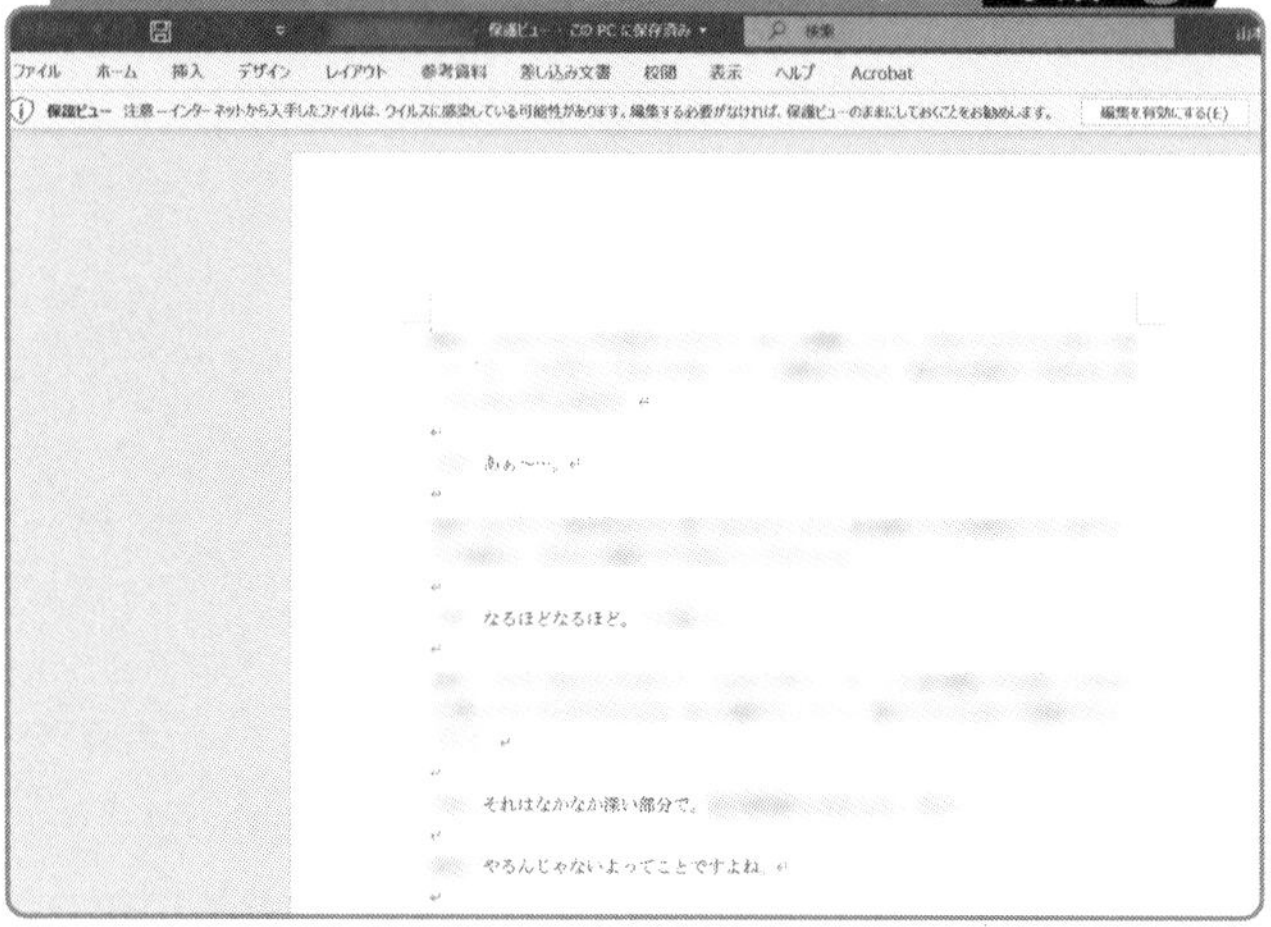

依頼後、ワーカーからの応募が来たので1名を選定して作業を進めてもらいました。上がってきた成果物をチェックして問題なければ作業完了です。

作業事例

HP制作

HP制作の依頼事例です。ここではLP制作の事例を紹介しています。作業内容が比較的複雑になるため、作ってほしいページのイメージ、内容等が詳細に伝わるように要素や構成をまとめたマインドマップなどを活用するとよいでしょう。

依頼タイトルを作成する 手順1

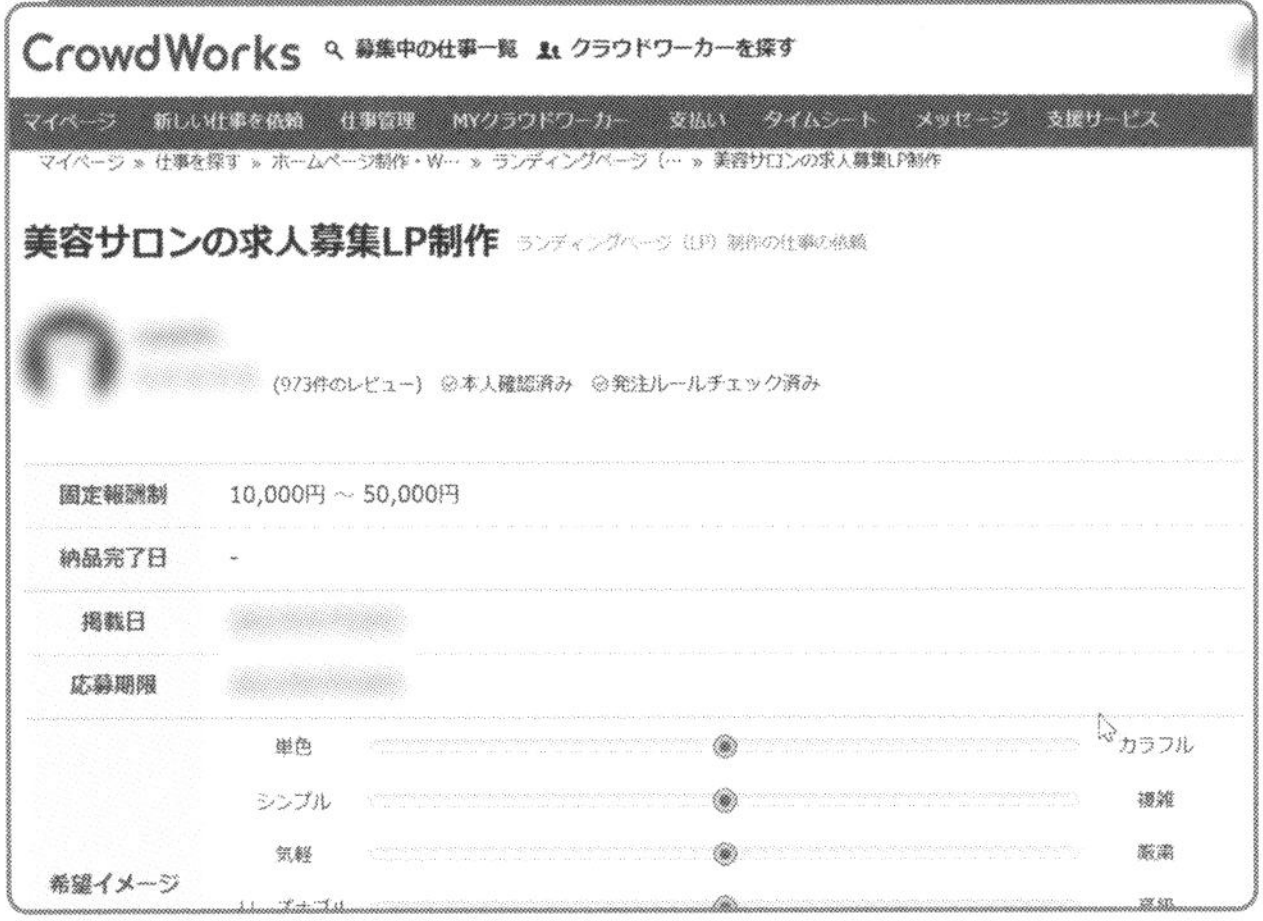
CrowdWorks
募集中の仕事一覧
クラウドワーカーを探す
マイページ 新しい仕事を依頼 仕事管理 MYクラウドワーカー 支払い タイムシート メッセージ 支援サービス
マイページ » 仕事を探す » ホームページ制作・W… » ランディングページ（… » 美容サロンの求人募集LP制作
美容サロンの求人募集LP制作
ランディングページ（LP）制作の仕事の依頼
(973件のレビュー) 本人確認済み 発注ルールチェック済み
固定報酬制
10,000円 ~ 50,000円
納品完了日
-
掲載日
応募期限
希望イメージ
単色
カラフル
シンプル
複雑
気軽
厳粛

今回はLP制作を依頼したので、その際のタイトルを紹介しています。タイトルでは「LP制作であること」「美容サロンのLPであること」が伝わるようにしています。

依頼内容を作成する 手順 2

マイページ 新しい仕事を依頼 仕事管理 MYクラウドワーカー 支払い タイムシート メッセージ 支援サービス

弊社（またはその関連）が運営する美容サロンの求人ページの制作です。
予算は5万円を予定しています。

現在東京に1店舗（今年中にあと4店舗オープン）あるサロンで
働いてくれる方を募集するページになります。

参考ページ

こんな感じのページを作りたいので
同じように女性向け商品のLP制作実績のある方は優遇します。

要素や構成をまとめた資料（マインドマップ）がありますので
基本的にはそれに沿ってデザインしていただくお仕事になります。

ご応募いただく際には、必ず過去の制作物（LP）をサンプルとしてご提出ください。
イメージが大切になりますので、サンプルがないと判断できかねます。

それでは、ご応募お待ちしております。

今回は依頼金額も比較的高めで、クオリティ管理の面からも比較的細かく詳細が伝わるような文面を作成しています。特に制作したいイメージは重要なので、ここで参考ページを共有しました。

依頼詳細をマインドマップで伝える 手順 3

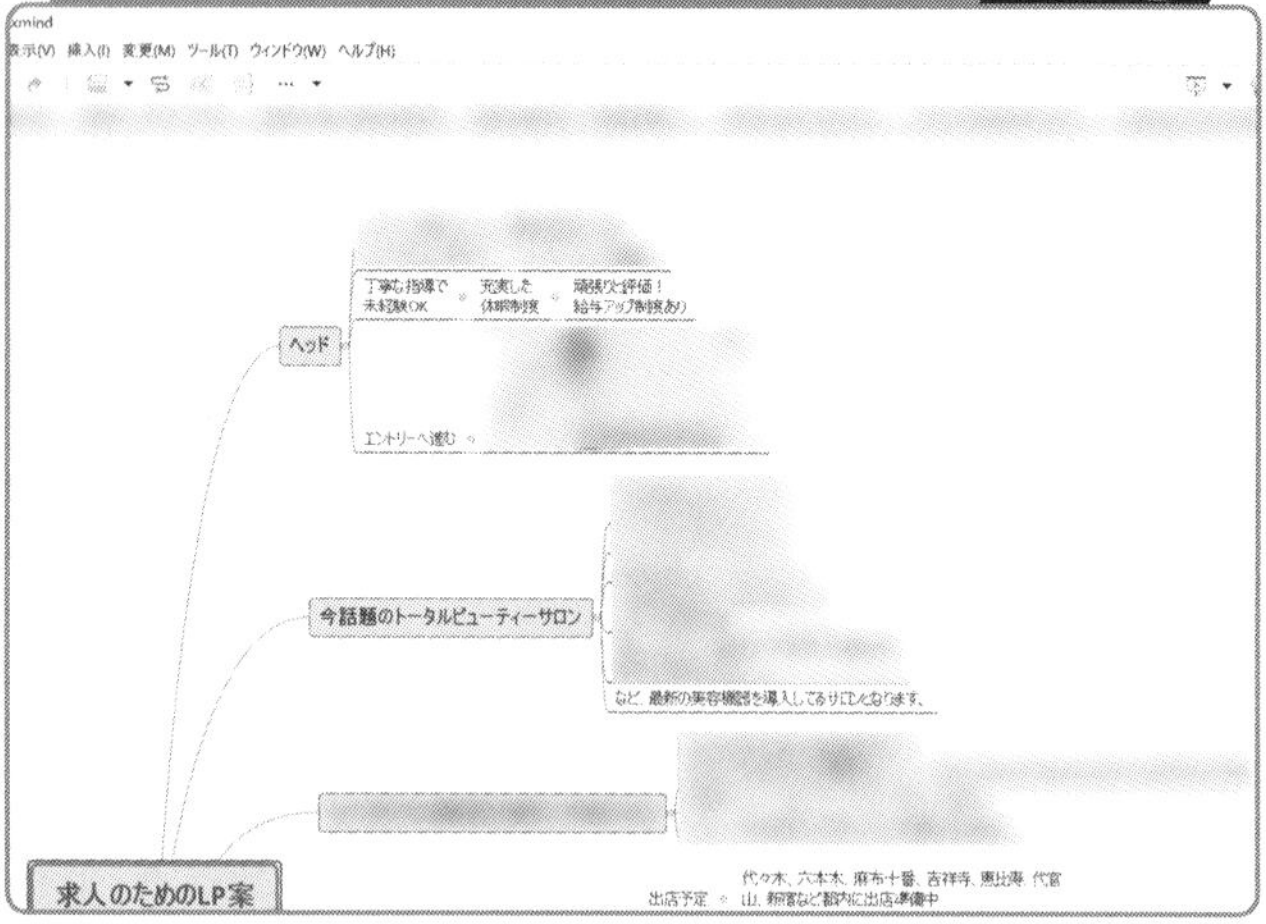

作業するワーカーに渡したマインドマップです。LP制作など作業内容が比較的複雑な依頼を行う際には、より厳密にイメージが伝わるように、事前にこうした資料を作成して共有しています。

依頼詳細をマインドマップで伝える 手順4

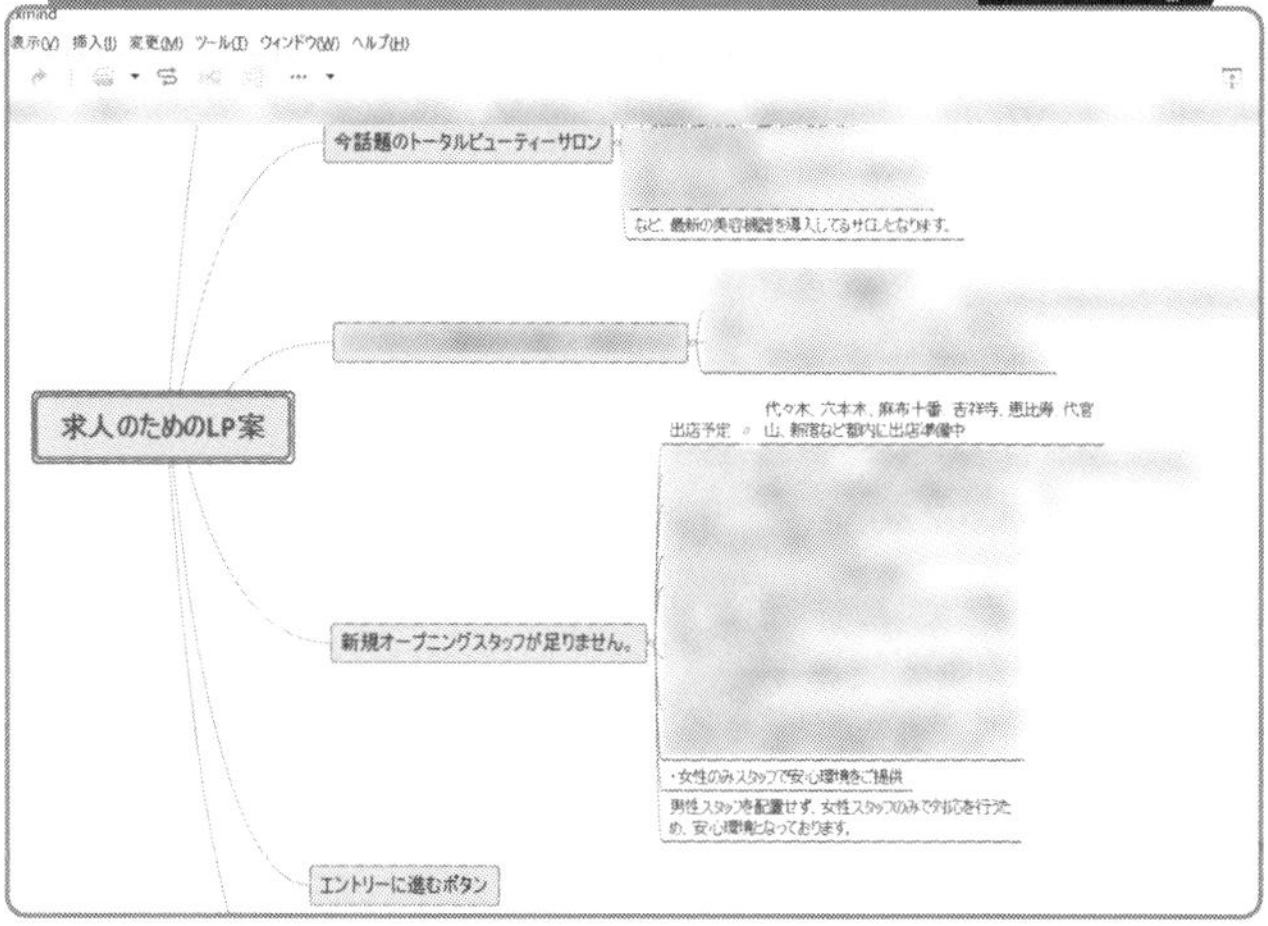

マインドマップの後半です。LP制作経験のあるワーカーであれば、こうした細かい要素の指定と作例のイメージを共有しておくことで成果物の不一致を格段に減らすことができます。

成果物をチェックする 手順5

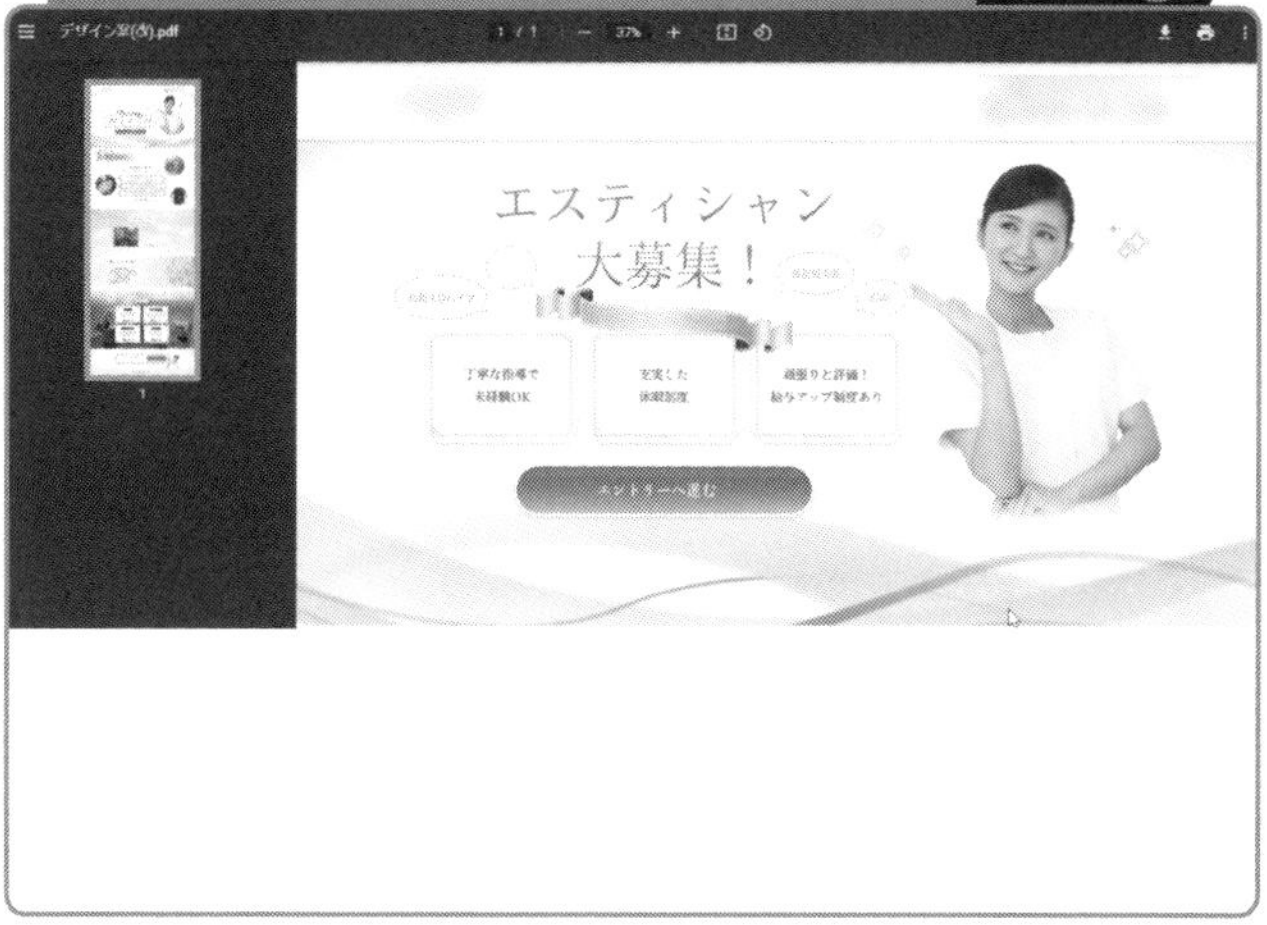

先程の依頼をもとに上がってきた成果物です。成果物をチェックして、修正が必要な場合は作業を依頼します。

作業事例

ライティング

ライティングの依頼事例です。

記事、シナリオ、リライトなど、依頼内容によって問われる専門性やスキルも異なるので、依頼文はできるだけ詳細に記入した方がよいでしょう。

依頼タイトルを作成する 手順1

ワーカーから見た仕事情報

マイページ » 仕事を探す » ライティング・記事作成 » その他（ライティング） » 動画広告のシナリオライター募集

動画広告のシナリオライター募集 その他（ライティング）の仕事の依頼

(973件のレビュー) ⊙本人確認済み ⊙発注ルールチェック済み

固定報酬制	5,000円 ～ 10,000円
納品完了日	-
掲載日	
応募期限	

応募状況

閲覧した人 70人　応募した人 5人　契約した人 1人　募集人数 1人　気になる！リスト 5人

この仕事に応募したクラウドワーカーを見る

ライティングの依頼事例です。今回は動画広告のシナリオ作成の作業を依頼したかったので、その旨をタイトルに記入しています。

作業事例 ライティングその1

依頼内容を作成する 手順2

CrowdWorks
募集中の仕事一覧
クラウドワーカーを探す
マイページ
新しい仕事を依頼
仕事管理
MYクラウドワーカー
支払い
タイムシート
メッセージ
支援サービス
仕事の詳細
youtube、FB広告に出稿予定の動画広告のシナリオを書ける人を探しています。
広告→LPに誘導するシナリオになりますので、実際に動画広告やLP誘導のシナリオ執筆の経験がある方を募集します。
過去に執筆した作品がある方はご掲載ください。
なにもない状態ですと、正直判断が難しすぎますので、サンプルを提出していただける方限定とさせていただきます。
文字数は3000文字前後、予算は5,000円を予定しています。
クオリティの高いシナリオを書ける方がいらっしゃれば
継続的に数本お願いできればと思っています。
それでは、ご応募お待ちしております。

依頼詳細です。この依頼ではシナリオライティングの中でも特定のジャンルでの作業になるため、過去の制作実績を提出できるワーカーに絞る旨を本文内で伝わるようにしています。

依頼タイトルを作成する 手順1

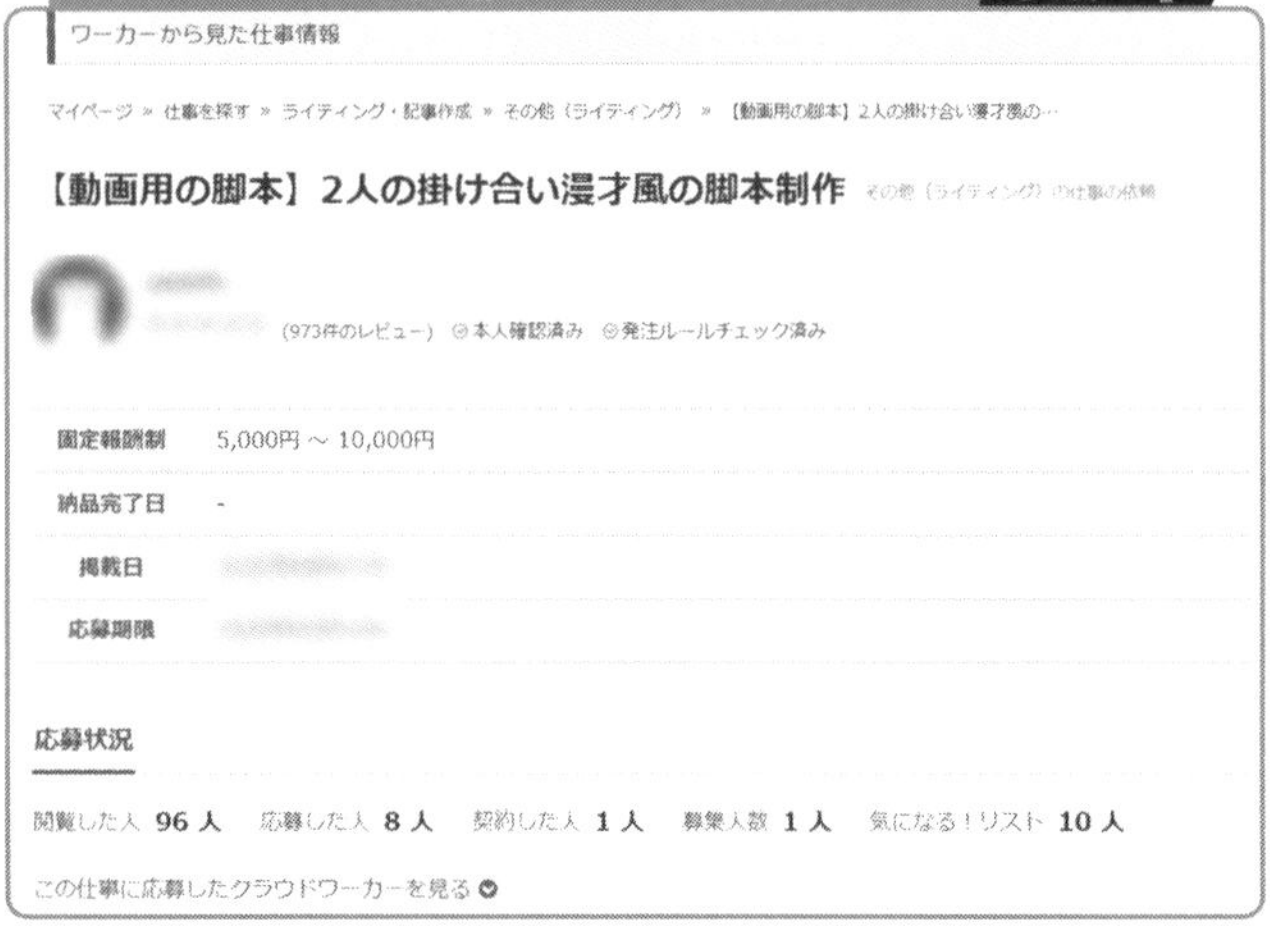
ワーカーから見た仕事情報
マイページ » 仕事を探す » ライティング・記事作成 » その他（ライティング） » 【動画用の脚本】2人の掛け合い漫才風の…
【動画用の脚本】2人の掛け合い漫才風の脚本制作
(973件のレビュー) 本人確認済み 発注ルールチェック済み
固定報酬制 5,000円 ～ 10,000円
納品完了日 -
掲載日
応募期限
応募状況
閲覧した人 96 人 応募した人 8 人 契約した人 1 人 募集人数 1 人 気になる！リスト 10 人
この仕事に応募したクラウドワーカーを見る

ライティングの依頼事例二つ目です。今回は動画用に掛け合い漫才風の脚本を書けるワーカーを募集したかったのでタイトルでもその旨を記載しました。

依頼内容を作成する 手順2

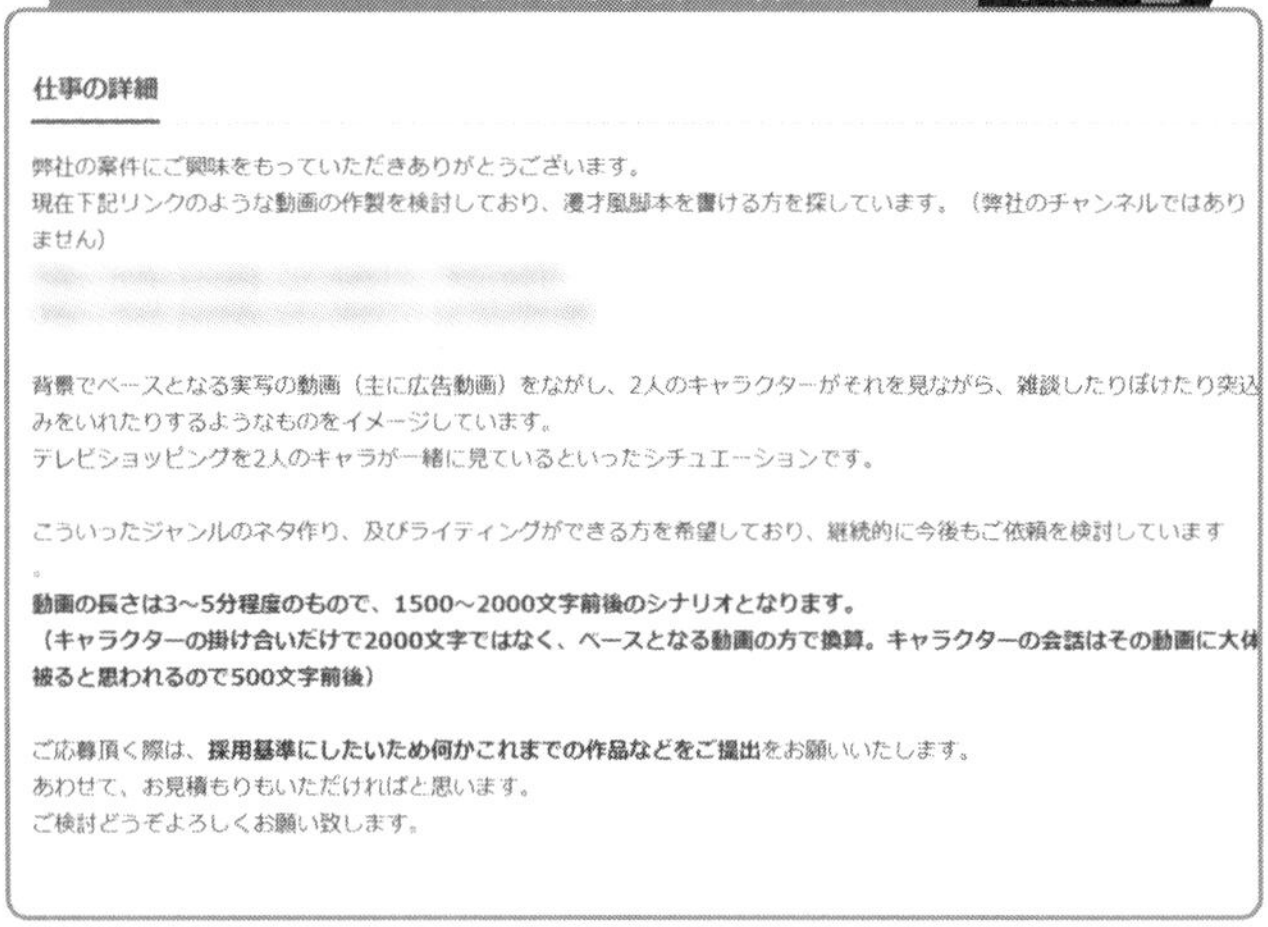
仕事の詳細
弊社の案件にご興味をもっていただきありがとうございます。

現在下記リンクのような動画の作製を検討しており、漫才風脚本を書ける方を探しています。（弊社のチャンネルではありません）

背景でベースとなる実写の動画（主に広告動画）をながし、2人のキャラクターがそれを見ながら、雑談したりぼけたり突込みをいれたりするようなものをイメージしています。

テレビショッピングを2人のキャラが一緒に見ているといったシチュエーションです。

こういったジャンルのネタ作り、及びライティングができる方を希望しており、継続的に今後もご依頼を検討しています
。

動画の長さは3～5分程度のもので、1500～2000文字前後のシナリオとなります。

（キャラクターの掛け合いだけで2000文字ではなく、ベースとなる動画の方で換算。キャラクターの会話はその動画に大体被ると思われるので500文字前後）

ご応募頂く際は、採用基準にしたいため何かこれまでの作品などをご提出をお願いいたします。

あわせて、お見積もりもいただければと思います。

ご検討どうぞよろしくお願い致します。


依頼詳細です。内容が比較的特殊なので、依頼文も比較的細かくこちらの意図が伝わるような書き方をしています。ちなみに、今回は実際にお笑い芸人として活動しているワーカーに発注しました。

作業事例 ライティングその3

依頼タイトルを作成する 手順1

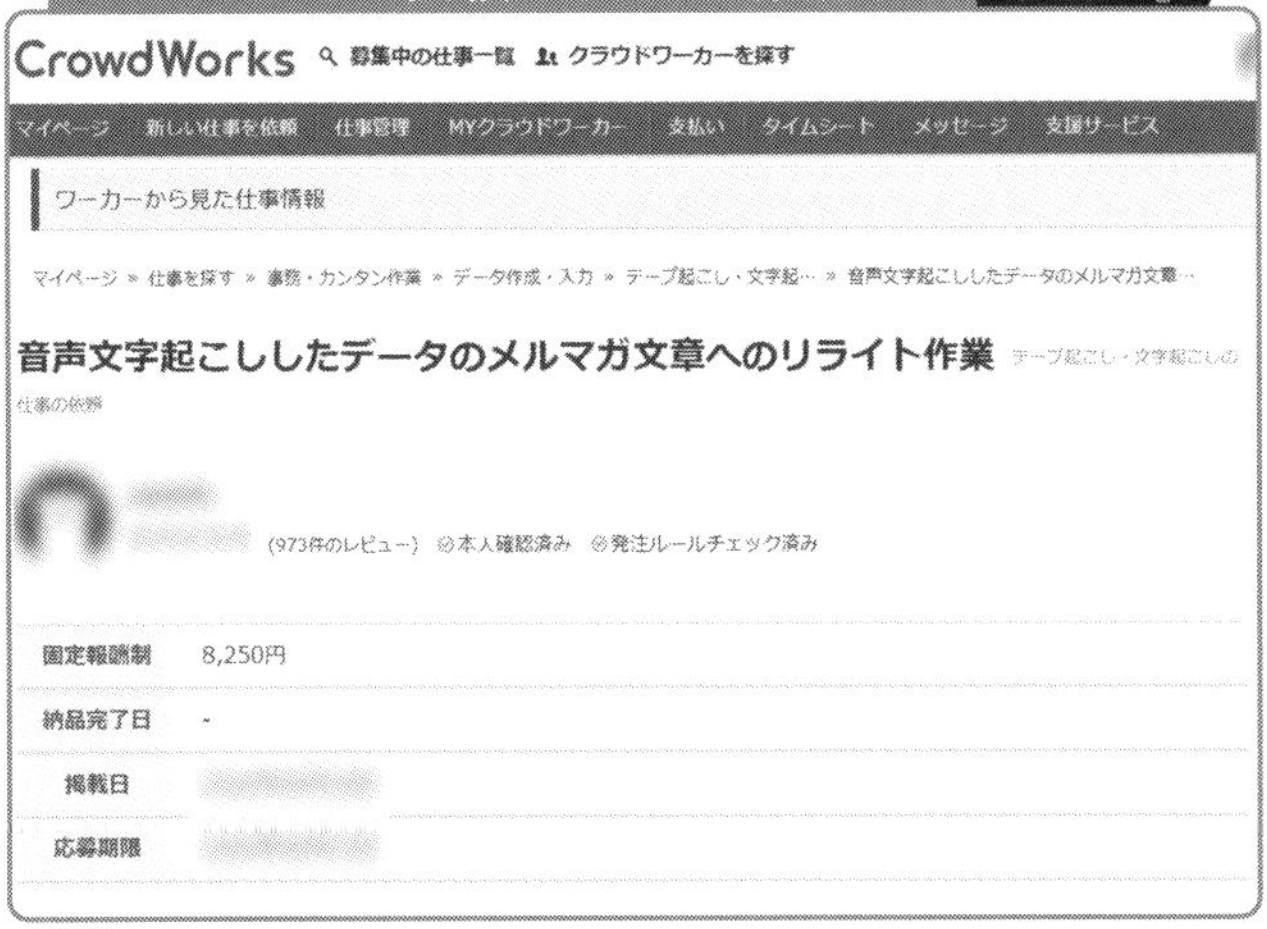
CrowdWorks
募集中の仕事一覧
クラウドワーカーを探す
マイページ
新しい仕事を依頼
仕事管理
MYクラウドワーカー
支払い
タイムシート
メッセージ
支援サービス
ワーカーから見た仕事情報
マイページ » 仕事を探す » 事務・カンタン作業 » データ作成・入力 » テープ起こし・文字起… » 音声文字起こししたデータのメルマガ文章…
音声文字起こししたデータのメルマガ文章へのリライト作業
テープ起こし・文字起こしの仕事の依頼
(973件のレビュー)
本人確認済み
発注ルールチェック済み
固定報酬制
8,250円
納品完了日
-
掲載日
応募期限

ライティング作業の中でも、文章を再編集する「リライト」と呼ばれる作業の依頼事例です。タイトルにもリライト作業であることを明記しています。

依頼内容を作成する 手順2

マイページ
新しい仕事を依頼
仕事管理
MYクラウドワーカー
支払い
タイムシート
メッセージ
支援サービス
この仕事に応募したクラウドワーカーを見る
仕事の詳細
音声文字起こししたデータがあるのですが、
その文章をメルマガで利用できる文章へリライト作業です。
どうしても、音声文字起こしだと口語調になっていたり、
また、同じ話を繰り返しされているものがあるのですが、
それをメルマガの文章として成立するようにリライトを
お願いできればと思います。
１５本くらいの音声お文字起こしデータがあり、
９万文字ほどになっているのですが、
１本あたり、５００円にてお願いできればと思います。
基本的には文章を新たに付け足しする作業よりも、
どちらからと言うと、リライトをする作業となります。
できれば、ある程度投資の知識を持っている方に依頼できればと考えております。

作業内容詳細です。元の音声データからメルマガ用の文章にリライトする旨を本文内で説明しています。

依頼タイトルを作成する 手順 1

金融系ブログ掲載用の記事作成依頼 ブログ記事作成の仕事の依頼

(973件のレビュー) ◎本人確認済み ◎発注ルールチェック済み

文字単価 固定報酬制	1.5円 予算: 10,000円 ~ 50,000円
1記事あたりの文字数	10000 文字
記事数	10記事
記事ジャンル・テーマ	その他
求めるレベル	経験あり
納品完了日	-
掲載日	
応募期限	

ライティング事例四つ目です。今回はブログ記事用のライティングができるワーカーを募集したかったのでタイトル欄にもその旨を記載しています。また概要欄には単価や記事数などを明記しています。

依頼内容を作成する 手順 2

仕事の詳細

金融系ブログ用（クローズド 会員向け）の記事作成依頼となります。

金融系ということで幅広く

主に、経済・株式投資・世界経済についてのレポートを
１週間に１本１００００文字くらいのボリュームの記事を
書いて頂ける方を募集しています。
※記事単価1万円～１５０００円
※記事内容によっては、金額アップも検討します。

有料で９８００円ほどのサービスを考えており、
有料で提供できるレベルの記事作成ができる方の応募をお待ちしております。
動画（顔出しできなくてもOK）・音声解説等をつけて頂ける場合は、
更に条件を優遇させて頂きます。

主に国内で株式投資を行っているユーザー様が多いため、
株式投資に役立つ情報を作成頂ける方を募集します。

・個別銘柄をファンダメンタルズ的に分析したもの（銘柄推奨はしない）
・また、世界経済との対比で日本経済を見る
・ドル円相場の今後の展望など

依頼詳細です。希望する記事のレベル感や専門知識の有無、追加条件など、比較的複雑な依頼内容なので、できるだけ細かく依頼内容を伝えたうえでワーカーを選定します。

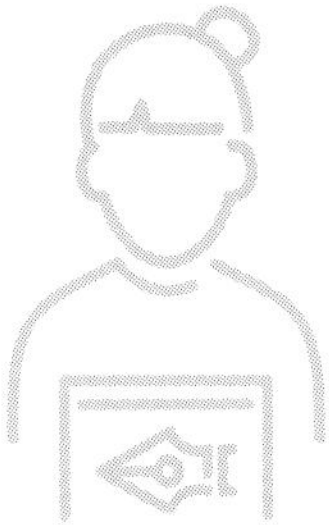

作業事例

デザイン

デザインの依頼事例です。ここではパワーポイントの資料デザインの事例を紹介していますが、他にも書籍やサイトなど様々な領域があります。

依頼タイトルを作成する 手順1

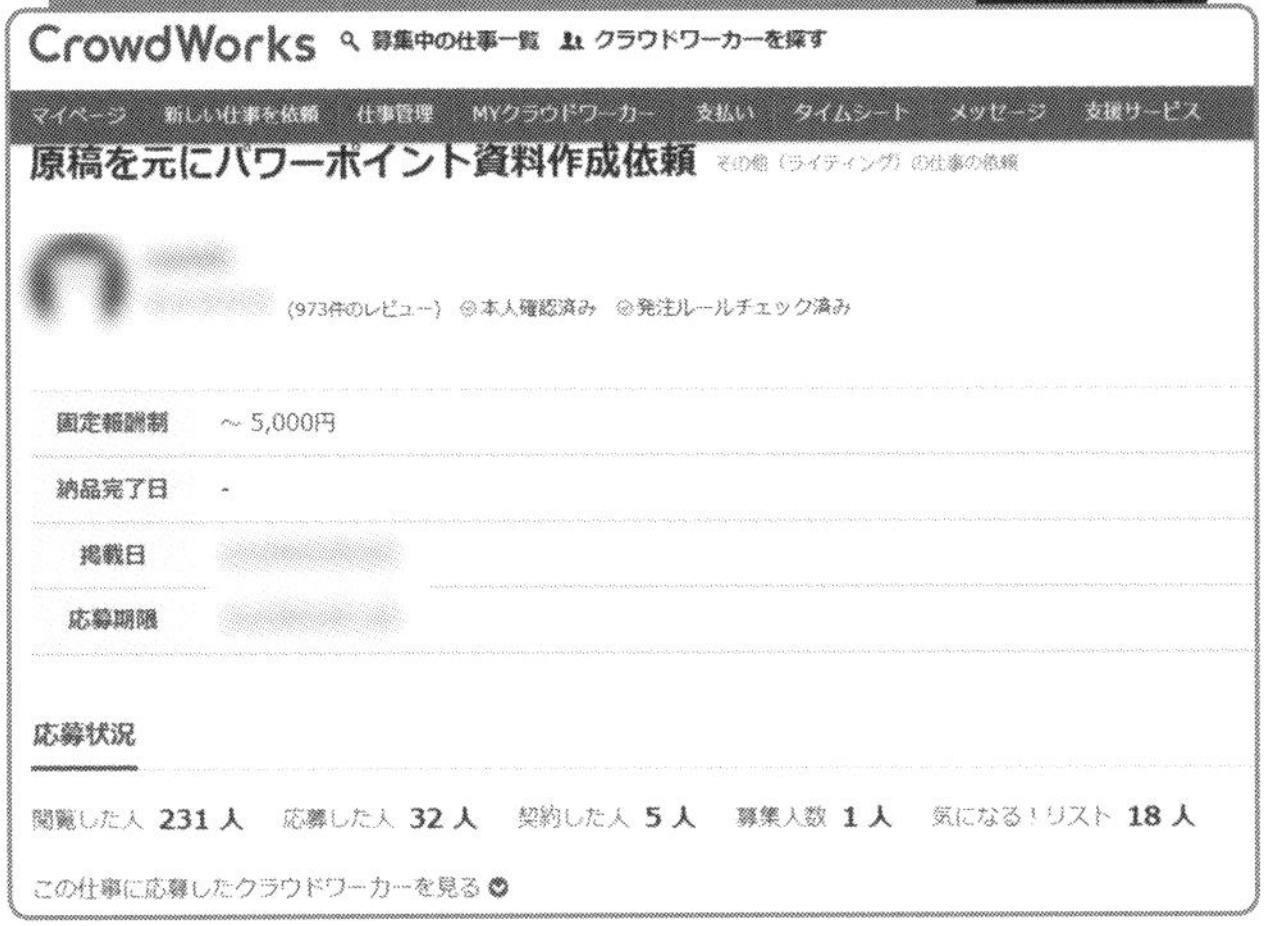
CrowdWorks
募集中の仕事一覧
クラウドワーカーを探す
マイページ
新しい仕事を依頼
仕事管理
MYクラウドワーカー
支払い
タイムシート
メッセージ
支援サービス
原稿を元にパワーポイント資料作成依頼
その他（ライティング）の仕事の依頼
(973件のレビュー)
本人確認済み
発注ルールチェック済み
固定報酬制
～ 5,000円
納品完了日
-
掲載日
応募期限
応募状況
閲覧した人 231 人
応募した人 32 人
契約した人 5 人
募集人数 1 人
気になる！リスト 18 人
この仕事に応募したクラウドワーカーを見る

デザインの依頼事例です。今回はテキストをもとにパワーポイント資料のデザインを依頼したかったのでタイトルにその旨が伝わるような書き方にしています。

依頼内容を作成する 手順2

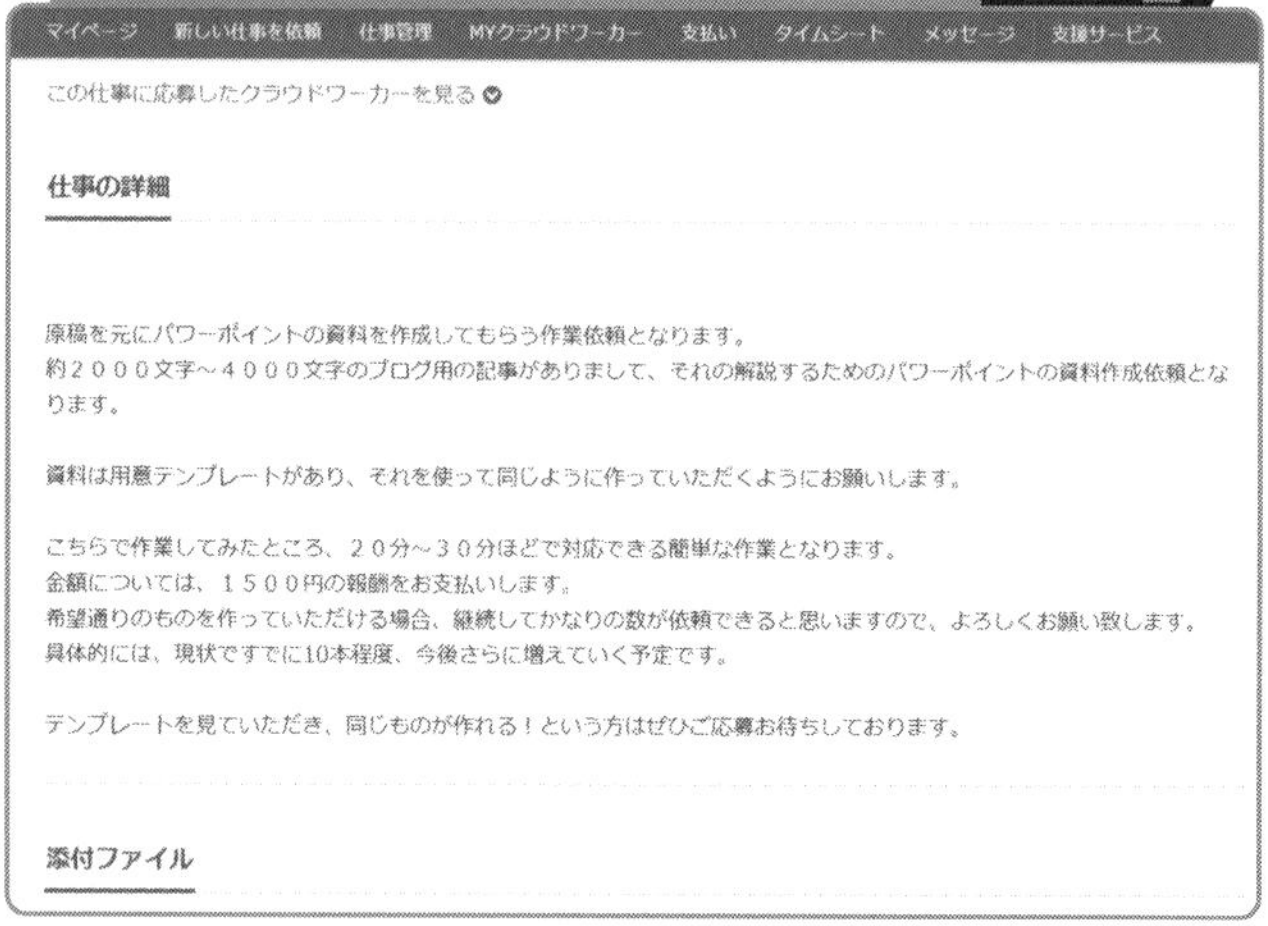
マイページ　新しい仕事を依頼　仕事管理　MYクラウドワーカー　支払い　タイムシート　メッセージ　支援サービス

この仕事に応募したクラウドワーカーを見る

仕事の詳細

原稿を元にパワーポイントの資料を作成してもらう作業依頼となります。
約２０００文字～４０００文字のブログ用の記事がありまして、それの解説するためのパワーポイントの資料作成依頼となります。

資料は用意テンプレートがあり、それを使って同じように作っていただくようにお願いします。

こちらで作業してみたところ、２０分～３０分ほどで対応できる簡単な作業となります。
金額については、１５００円の報酬をお支払いします。
希望通りのものを作っていただける場合、継続してかなりの数が依頼できると思いますので、よろしくお願い致します。
具体的には、現状ですでに10本程度、今後さらに増えていく予定です。

テンプレートを見ていただき、同じものが作れる！という方はぜひご応募お待ちしております。

添付ファイル

依頼詳細です。こうしたデザイン作業の場合は、事前にイメージが明確に伝わるようにテンプレートなどを用意しておいた方がよいでしょう。

ワーカーさんに資料を渡す 手順3

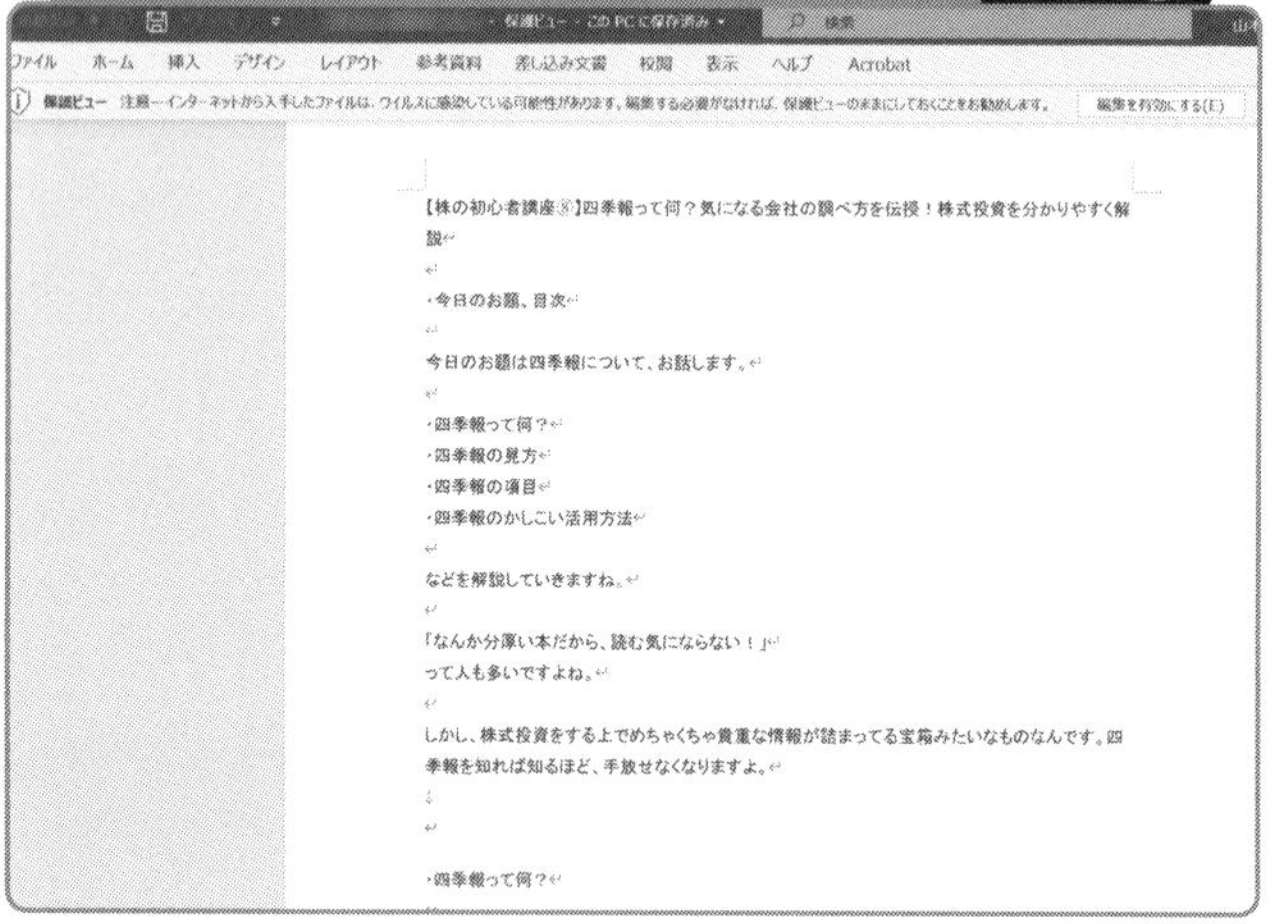

【株の初心者講座⑧】四季報って何？気になる会社の調べ方を伝授！株式投資を分かりやすく解説

・今日のお題、目次

今日のお題は四季報について、お話します。

・四季報って何？
・四季報の見方
・四季報の項目
・四季報のかしこい活用方法

などを解説していきますね。

「なんか分厚い本だから、読む気にならない！」
って人も多いですよね。

しかし、株式投資をする上でめちゃくちゃ貴重な情報が詰まってる宝箱みたいなものなんです。四季報を知れば知るほど、手放せなくなりますよ。

・四季報って何？

応募してきたワーカーに渡す元資料です。 ページごとにどの要素が入るのかといったポイントはできるだけ明確にしておくと、 成果物の不一致を避けることができます。

作業事例 デザイン

依頼内容を作成する 手順4

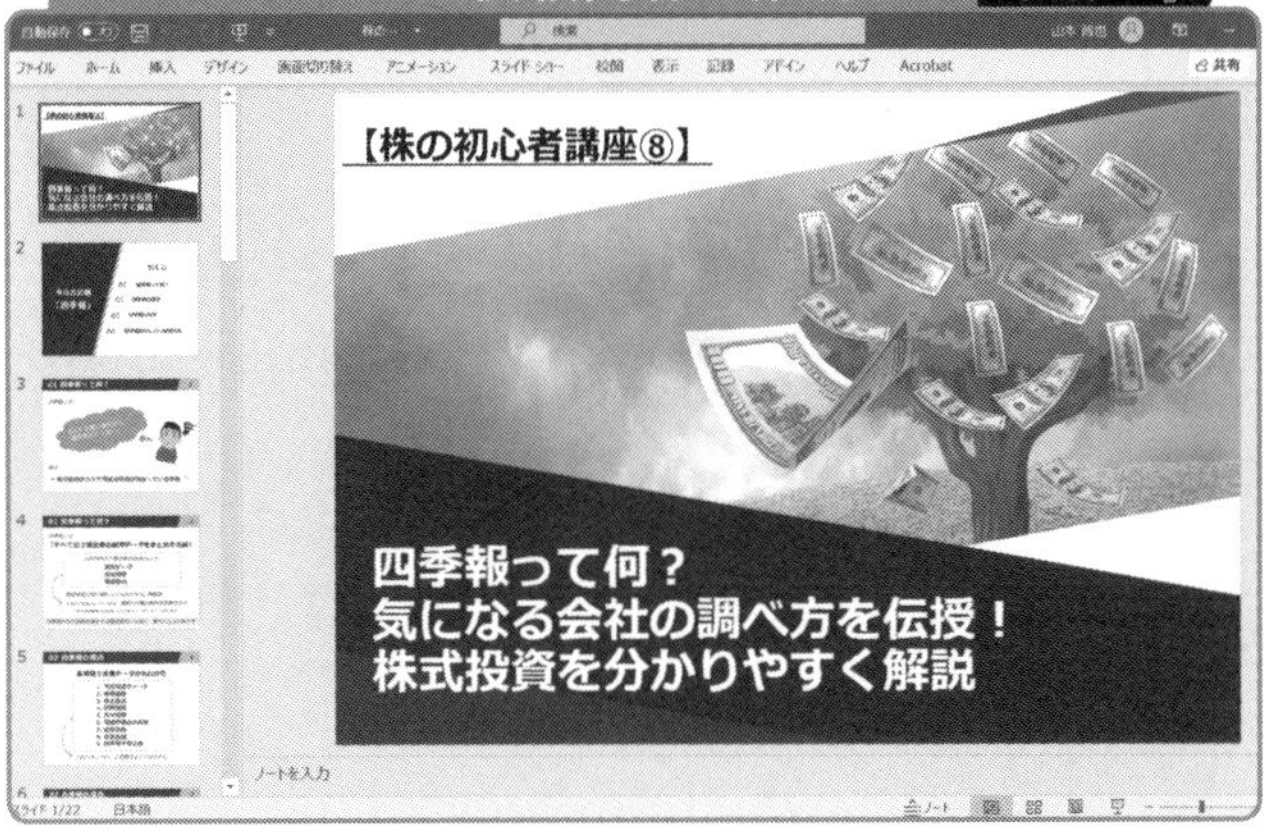

ワーカーから上がってきた成果物です。特にデザインはスキルによってクオリティが左右される分野です。そのため、安いコストで高いスキルを持つ人材に依頼できるのもクラウドソーシングの強みです。

作業事例

動画制作

動画制作の依頼事例です。編集、台本制作、ナレーションなど、いくつか大きな作業に別れるので、その旨を明記しておきましょう。

手順 1

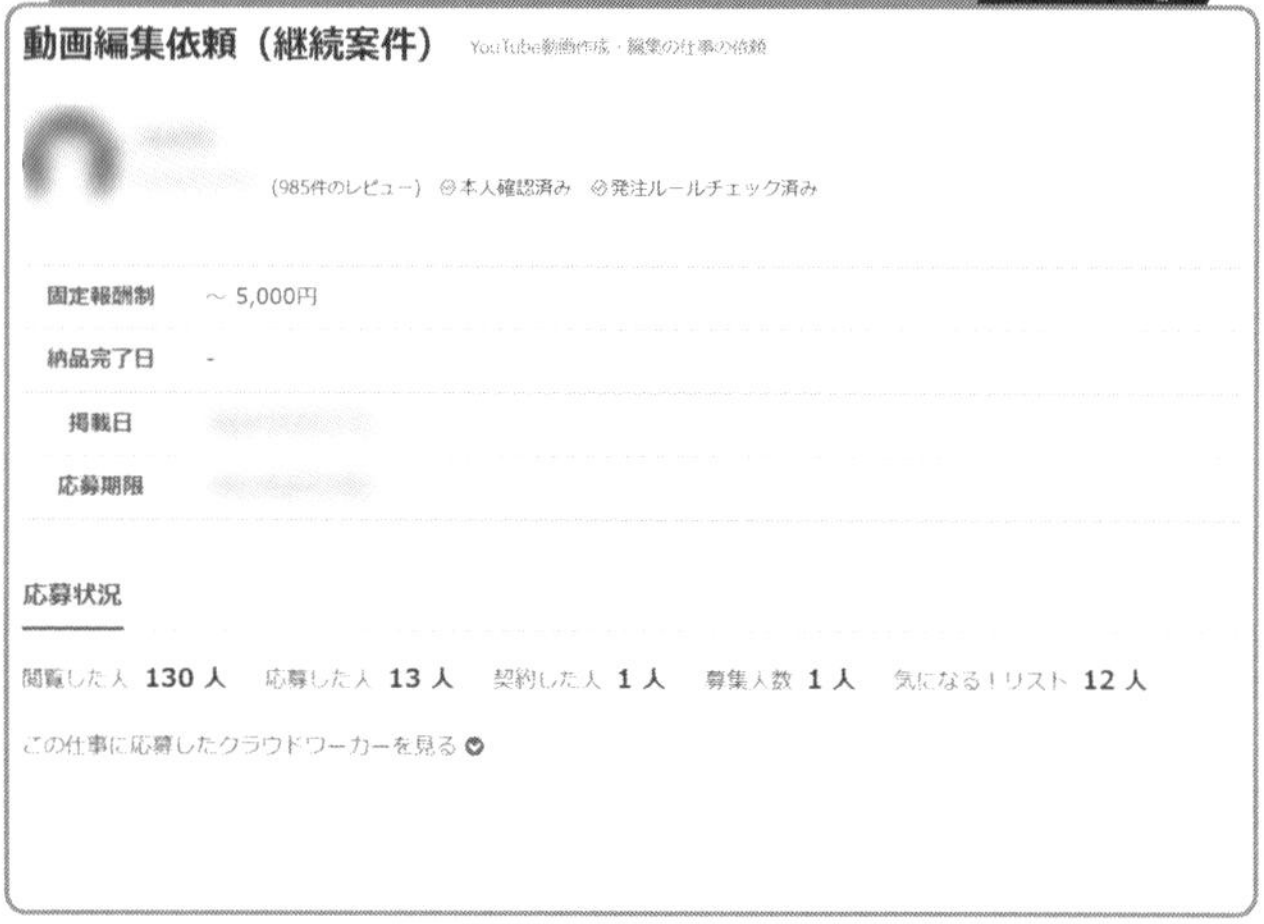
動画編集依頼（継続案件）
YouTube動画作成・編集の仕事の依頼
(985件のレビュー) 本人確認済み 発注ルールチェック済み
固定報酬制 〜 5,000円
納品完了日 -
掲載日
応募期限
応募状況
閲覧した人 130 人 応募した人 13 人 契約した人 1 人 募集人数 1 人 気になる！リスト 12 人
この仕事に応募したクラウドワーカーを見る

今回は動画制作の中でも、編集作業をピンポイントで依頼したかったので、タイトルはシンプルな形にしています。

作業事例 動画制作その1

手順2

仕事の詳細

Youtube動画編集者を募集します。

主に女性エンタメ系チャンネルを運営しておりまして
そのチャンネルの動画編集者を探しています。

参考チャンネルはこちらになります。

動画尺は前後しますが、だいたいは10分以内です。

やっていただきたい作業は
・カット割り
・テロップ
・BGM

など一般的なYoutube動画の編集になります。
可能であれば同チャンネルの編集を継続的にお願いできる方を探しています

ご応募の際には、過去に制作した動画（できればYoutube）のサンプルをご提示ください。
サンプルがない場合、判断できずにお断りすることがありますのでご了承ください。

依頼詳細です。ここでは「編集してもらいたい動画ジャンル」「参考チャンネル」「具体的な作業内容」などを記載しています。

手順3

承知いたしました。 後半最後の15分部分とサムネイルも既に完成しております...

遅くなりました。
いただいた前半2本はどちらもOKです！ありがとうございます。
好みの編集をしてくださったそうで、センスも技術も気に入っていただけているようです。

まずはこちらのスレッドに前半2本のサムネを添付していただき、後半はその後に新規スレを立ち上げますので、そちらでお見せいただければと思います。

ありがとうございます！
こちらがサムネが3本分です。
順番は決めていませんので、どの動画にどのサムネを使用するかはお任せいたします。

ありがとうございました！

ワーカーさんとの成果物についてのやり取りです。

手順 1

【マンガ動画制作】漫画のイラストに動きを付けた動画を制作して頂くお仕事です。【経験者優遇・昇給有】 動画作成・動画制作の仕事の依頼

(153件のレビュー) 本人確認未提出 発注ルールチェック未回答

固定報酬制	5,000円 ~ 10,000円
納品完了日	-
掲載日	
応募期限	
必要なスキル	動画制作 動画編集・加工

応募状況

閲覧した人 **381 人** 応募した人 **11 人** 契約した人 **4 人** 募集人数 **3 人** 気になる！リスト **10 人**

この仕事に応募したクラウドワーカーを見る

次は「漫画動画制作」の事例です。漫画素材に動きを付けて動画にする作業を依頼しました。

手順 2

仕事の詳細

【 概要 】

YouTubeの漫画動画チャンネルの発足に伴い、
継続的にWeb漫画の動画制作が出来る方を募集させて頂きます。

漫画イラスト素材を駆使して、人物や小物を動かしたり、動的な動画編集が可能な方。

お仕事は多数ありますので、継続的に依頼したいと考えています。

【 依頼内容 】

こちらから、各種素材を提示しますので、
そちらを元に動的でかっこいい動画を制作頂ける方を募集しております。

以下のような漫画動画の出来栄えを考えておりますので、ご確認をお願いします。

依頼詳細です。依頼の概要と、作って欲しい動画のイメージを共有しています。

作業事例 動画制作その2

手順 3

ご連絡ありがとうございます。また、ご契約いただき誠にありがとうございまし...
こちらこそありがとうございます＾＾
申請を送らせて頂きました。
納品する、手続きを行っておりませんでした。失礼致しました。
作品はチャットワークでお送りしている通りです。よろしくお願い致します。
ありがとうございました！
今後とも、どうぞ宜しくお願い致します。

ワーカーさんと成果物についてのやり取りを行いました。

3章まとめ

第3章では、具体的な「クラウドソーシング活用例」を掲載しました。

この第3章で感じてもらいたいのは、クラウドソーシングは案外気軽に利用できそうだ、という点です。

クラウドソーシングを初めて利用される人の中には、掲載するための文章を長文でわかりやすく作らなければいけない。と思い込み、募集を掲載することにハードルを感じている方が多くいらっしゃいます。もちろん、わかりやすく説明文を記載できるに越したことはないと思いますが、まずは短文でもいいので、気軽に募集をかけてみるという気持ちでクラウドソーシングを活用してみてください。

まずは気軽に募集をかけてみて、集まってきた応募に対してやり取りをしながら詳細をお伝えしていくという流れで全く問題ありません。

4章 PART 4

クラウドソーシング活用テクニック

人を探すときのテクニック

どういう人材を集めるべきか?

3章では、実際にクラウドソーシングの使い方を、クラウドワークスを例に説明してきました。本章ではそれを踏まえたうえで、**より効率的にクラウドソーシングを活用するためのポイント**を解説していきたいと思います。

まず、「クラウドソーシングでどういう人材を集めるべきか」は、事前に明確にしておくべきです。

私の場合は、人材を大きく4つにカテゴライズして、適宜、必要な人材にアプローチするようにしています。

①作業してもらう仲間（ビジネスパートナー）
②その業界でプロフェッショナルな知識や技術を持つ人
③単純作業が得意な人
④今すぐ作業ができる暇な人

①作業してもらう仲間（ビジネスパートナー）

ビジネスをやっていると、例えば「1時間に1回のメールチェック」のような「自分でやってもいいけれど、手伝ってくれる人がいるならやってほしい」という作業がよく発生します。私はそうした**細切れで定期的に発生するような作業を極力クラウドソーシングで振るようにしています。**

この作業のためにアルバイトを雇用する場合、基本的には時給1000円といった形で給与を支払う形になります。そうすると、1時間のうち多くて10分程度、200円分で終わる作業にも関わらず、雇用主としては実働していない50分も含めて1000円を支払う必要があります。

これを平日の1週間継続すると、単純計算で1000円×5日で

発生時間単位で料金を支払う

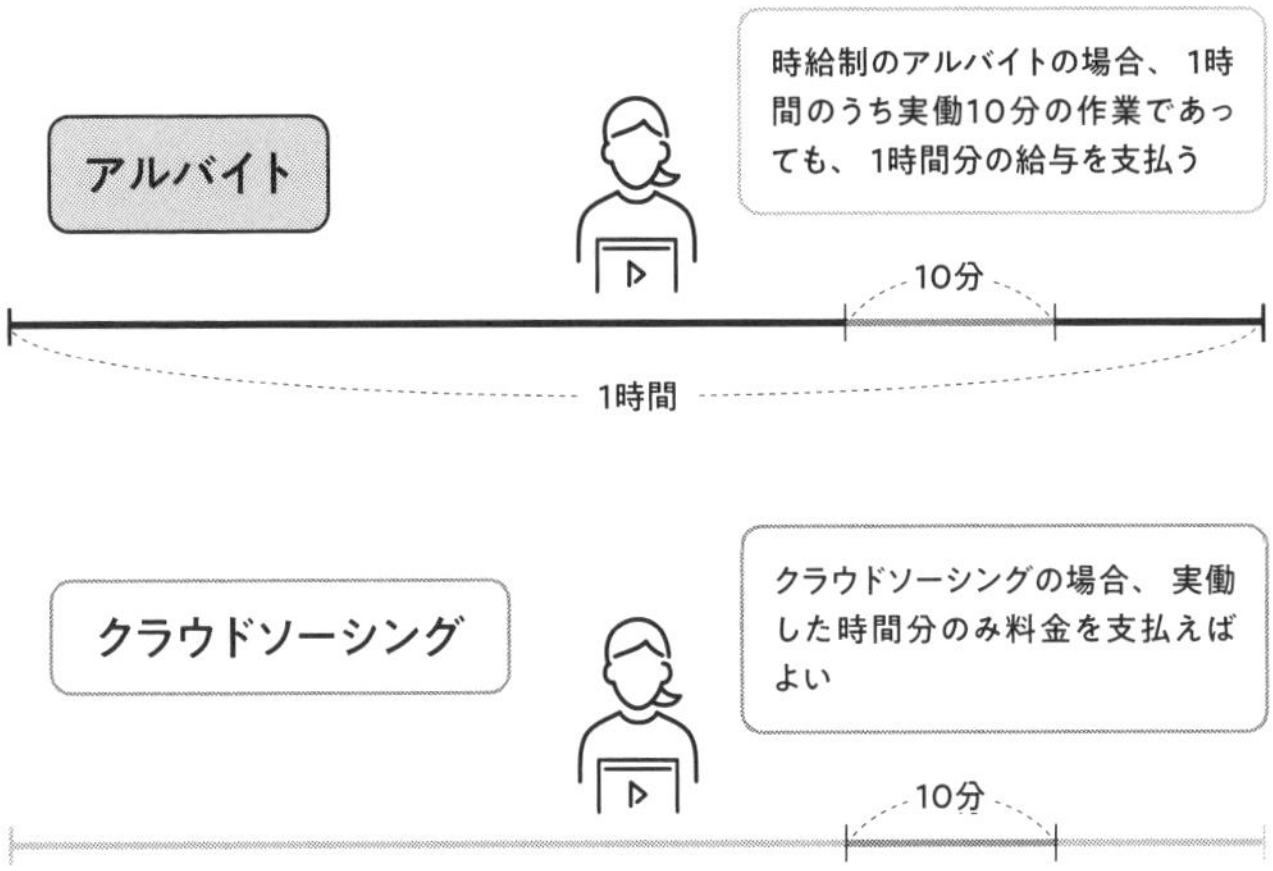
アルバイト
時給制のアルバイトの場合、1時間のうち実働10分の作業であっても、1時間分の給与を支払う
10分
1時間
クラウドソーシング
クラウドソーシングの場合、実働した時間分のみ料金を支払えばよい
10分

5000円のコストになります。

一方、上記の作業をクラウドソーシングで振る場合、10分といった短い単位でも発注ができるので、**同じ作業内容でも200円の支払いで済ますことができます。**そのため、1週間続けて作業してもらった場合でも、かかるコストは1000円となり、アルバイトを雇って同じ作業内容を時

給で働いてもらうよりも、コストを約4000円削減できるのです。

ここまでの解説を読んで、「実際に1時間に10分、200円のような短い時間で作業する人っているの？」と疑問に思った方もいるかもしれません。しかし、**私のこれまでの経験上、クラウドソーシングサイトにはそうしたワーカーが山ほどいます。**

彼らの個人的な状況はそれぞれですが、例えば、「日中は仕事や家事があるので6時間連続で働けないが、細切れでなら空き時間を作れる」という人はたくさんいて、10分程度の短い時間で済む作業をやるためにクラウドソーシングサイトに登録しています（実際に募集をかけてみるとすぐに理解してもらえるかと思います）。

このように発注者側とワーカーの側で需要と供給がマッチしているという状況があるので、先程のような例もいたって現実的な話なのです。であれば、それを活用しない理由はありません。私の場合は作業が発生した都度募集をかけるというよりも、**あらかじめそうしたワーカーを複数リスト化しておき、いつでも直接依頼をできるようにしています。**

日常生活が忙しい人が多いので、ワーカービジネスパートナーとしてできるだけたくさん囲っておき、流動的に依頼することができる環境を整えておくのもポイントの一つです。

②業界でプロフェッショナルな知識や専門性を持つ人

いわゆる「専門職」に該当するワーカーです。例えばライターの中でも、ブログ記事など誰でも書けるようなテーマだけでなく、特定のジャンルに専門的な知識のある人のことを指します。

私の経験上、**特にエンジニアの分野でプロフェッショナルなワーカーを探してリスト化しておくことをお勧めします。**

なぜエンジニアなのかというと、仮に専門業者に依頼すると1から10まですべての工程をお任せできる代わりに、単価が100万円を超える見積りを出されることも多いのです。一方で**クラウドソーシングサイトを通じて個別でエンジニアとつながっておくと、場合によってはかなり発注コストを下げることができるから**です。

ここで大切なのは、エンジニアへの依頼時に**「自分が作りたい、依頼したいシステムと似たような作業経験を持つ人を探して声掛けを行う」**という点です。エンジニアにとって、自分の過去実績と似たような制作物であれば、1から作業するよりもかなり楽に作業を進めることができる場合が多いのです。

クラウドソーシングサイトに登録しているWEBエンジニアのプロフィールを確認して、過去の制作実績の中に自分が作りたいHPと似たようなものを作ったことがあるワーカーさんに直接依頼することで、中

似た経験を持つワーカーを探す

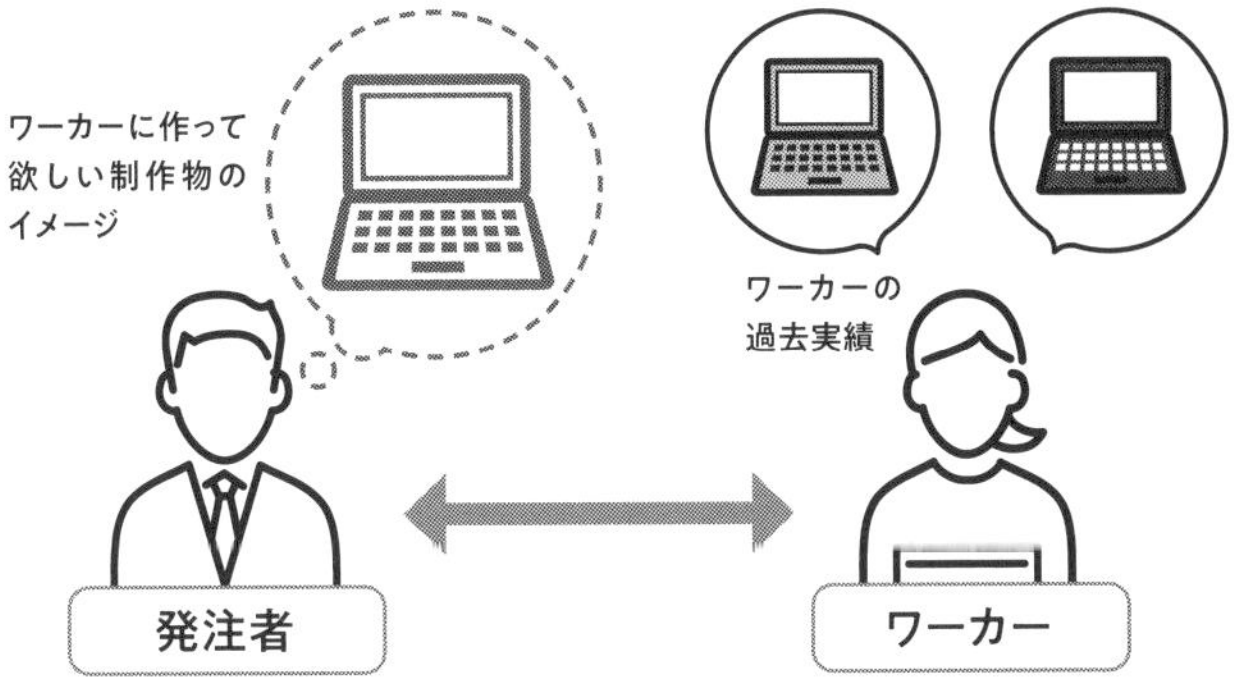
ワーカーに作って
欲しい制作物の
イメージ
ワーカーの
過去実績
発注者
ワーカー

ワーカーが似たような制作物を作ったことがあれば、作業難易度がかなり下がる

には通常数百万円するような案件を数万円で外注できるケースもあります。

前述のような依頼方法をする場合、ワーカーさん側としては一からシステムを構築せずに済むので作業難度もかなり下がりますし、納品期間も短縮できるため、クオリティ、品質の担保という点でワーカー側と発注者側のどちらにもメリットがあります。

ただし、サイトに登録しているワーカーさんをこまめにチェックしたとしても、毎回、案件のたびに経験者が見つかるとは限りませんし、あくまで宝探しのような感覚で考えておきましょう。

ただし、**幸運にもそうしたエンジニアが見つかった場合は、単に一度の案件で終わらせず、今後似たような案件が発生した際にスムーズに依頼できるようにつながりを保っておいた方がよいでしょう。**

また、これは少し上級編ですが、つながりのあるエンジニアと組んで、ビジネスを広げることもできます。全員がそうではないですが、エンジニアという職業をしている人たちはプログラムを書くことそのものが好きなケースが多いのです。

仕事だけではなく、プライベートでも自分のアイデアをもとにシステムを組んでみたり、ウェブサービスを作っているというような話をよく聞きます。

そのため、エンジニアと直接コンタクトを取り「これまであなたが書いたプログラムの中で、商品化できてないものはありますか?」と相談して、アイデアをマネタイズする役割をこちらが担い、エンジニアと組んでビジネスを立ち上げることも可能です。

こうしたビジネスの進め方は、最近では「ジョイントベンチャー」と呼ばれていて、優秀なエンジニアを見つける手段としてクラウドソーシングを利用するケースもあります。

③単純作業が得意な人

①とも関係する話ですが、リスト化して抱えておきたい人材のタイプ

複雑な作業を分割して個別に発注する

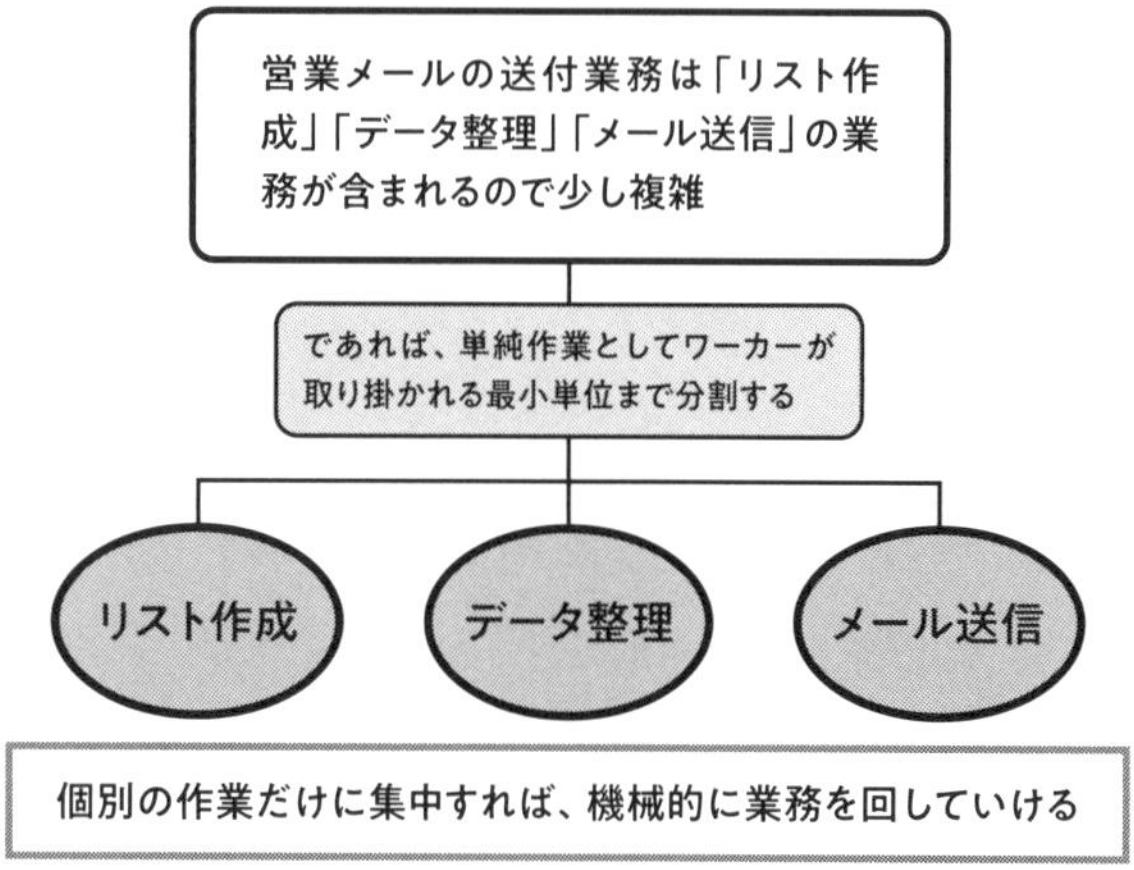
営業メールの送付業務は「リスト作成」「データ整理」「メール送信」の業務が含まれるので少し複雑
であれば、単純作業としてワーカーが取り掛かれる最小単位まで分割する
リスト作成
データ整理
メール送信
個別の作業だけに集中すれば、機械的に業務を回していける

として**「単純作業が得意な人」**も重要です。

例えば私の中心的なビジネス領域はマーケティングであるため、セミナーの参加者やある分野の不特定多数の企業などに宛てて営業メールを送る業務をよく行います。

この際、大きく分けて「メールを送るリストの作成」「データの整理」「メールの送信」の3つの作業があるのですが、どれも個別の作業だけに集中すれば機械的にできるものです。

クラウドソーシングサイトにはこうした単純作業をメインで受けているワーカーもいて、「**プログラムを組んで自動化できるが、人に発注した方が安上がりな作業**」が発生した際に振ることができるので、非常に重宝しています。従来、こうした作業は社内でアルバイトを雇って作業してもらうのが一般的でしたが、クラウドソーシングを使うことで同じようなクオリティを維持しつつ、安いもので時給換算にすると200円程度の発注でも応募が来るので、**コストを3分の1～5分の1までカットすることができます。**

④今すぐ作業ができる暇な人

また、③と関連する話ですが、「**今すぐ作業ができる暇な人**」もワーカーさんの重要な属性の一つです。クラウドソーシングというのは、基本的に稼働時間がそのままワーカーさんの収入となります。ワーカーさんは作業をすればお金が発生しますが、何もしなければ時給0円なわけです。

つまり、今すぐ作業ができる暇な人と言うのは、時給換算するとかなり安い報酬であっても、「**何か作業をすることで少しでも賃金が発生するのであればそれでいい**」、という動機でクラウドソーシングを活用しているので、発注者側からすると非常にありがたい存在なのです。

例えば、先程の営業メールの話のように、エクセル内で管理しているデータの重複を削除するような作業は、クラウドソーシングで発注するにしても非常に安い報酬しか出せません。一方、暇な人にとってみれば少しでも賃金が発生する作業となるので積極的に応募してくれます。

また、仮にあなたが会社の経営者だとして、就業時間終了間際にどう

突発的な事態にも対応しやすい

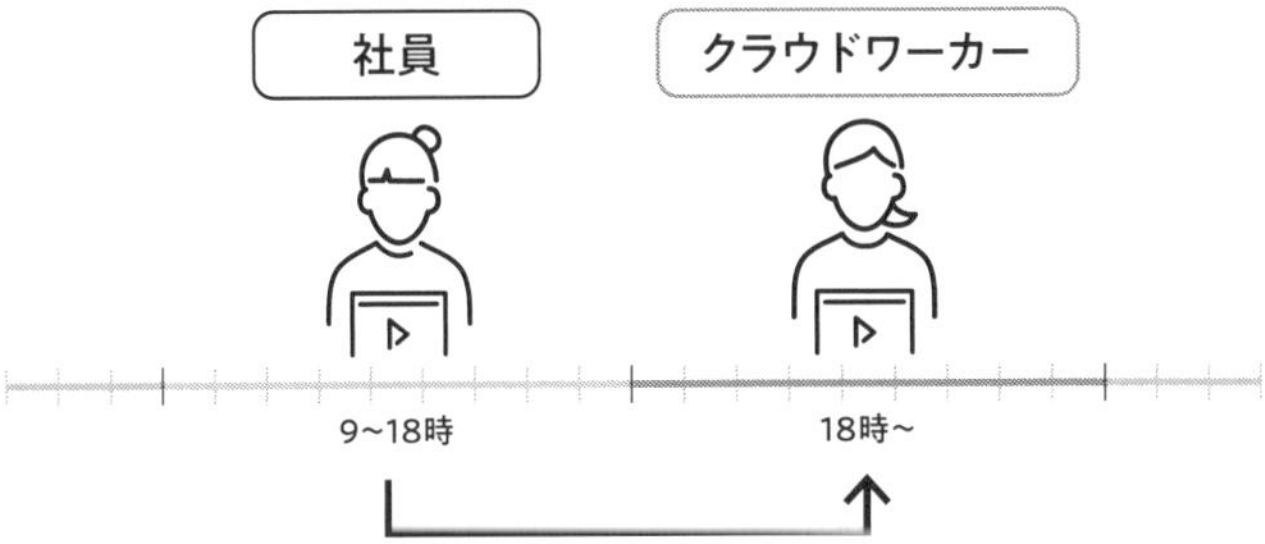

突発的にその日までに仕上げなければならない仕事が発生した際、就業時間以降はクラウドワーカーに振ることで対応できる

しても明日までに終わらせる必要がある作業が発生したとします。作業自体はエクセルのデータの重複チェックをする簡単な作業ですが、あなた自身はほかにやらなければならない仕事がたくさんあり、こちらには手が回らない状況です。

　残業代を払って社員にやってもらうという手もありますが、それでも日をまたぐような場合などは、現実的に無理があります。一方で、**深夜に稼働できるクラウドワーカーを抱えていれば作業をそちらに振り、高い残業代を支払って社員に働いてもらう必要はなくなります。**

このように、発注するワーカーさんの稼働時間を把握してリスト化しておくと、突発的な事態にも対応できるので（しかもクラウドワーカーには残業代がかかりません）、ビジネスの対応力を上げることもできるのです。

ニッチな専門分野でも、一度は検索してみる

実際に検索してみると理解してもらえると思いますが、クラウドソーシングに登録している人材の層というのは非常に厚く、基本的に先ほど説明したような方以外にも、どんなニッチな分野であっても案外見つか

ることがあります。

私の実体験として、過去に「オゾン水の発生装置を売りたい」というビジネスのアイデアを思い付いたことがあります。

しかし、私にはオゾン水に関する専門知識は全くありませんでした し、当時はまず、商材やビジネス領域の理解を深める手助けをしてくれそうな人を探そうという段階でした。

一般的なアプローチとしては大学の教授や研究者などが思いつきますが、とりあえずダメ元でクラウドソーシングサイトの検索枠に「オゾン」と打ち込んでみると、なんと長年オゾンについて研究している方がヒットしたのです。

そのワーカーさんは、クラウドソーシングでオゾンに関する仕事を期待していたわけではなく、単純に経歴としてプロフィールに書いていて、ワーカーとしても研究内容とはかけ離れた作業実績だけでした。そうした状況なので本当にたまたま私のキーワード検索に引っかかったと言う事例だったと思います。まさに宝探しに近い状況ですね。

ですので、どんなニッチな分野であっても、とりあえずキーワード検索を行い、ワーカーさんのプロフィールを見て過去に何をやってきたかを確認してみるのも良い試みだと思います。

ちなみに、先程のオゾンの方のように、専門分野があるにもかかわらず、仕事としては別の作業をやっているような人の場合、専門分野に関わる仕事を提案すると快く受けてくれることが多いですし、本来通常のルートで専門家に依頼するよりも格安で頼める場合もあります。

クラウドワーカーを集めるには2つの方法がある

クライアントとして案件の募集を行う

では、先ほど紹介してきたような人材をどのように集めるのかというと、大きく2つあります。

一つ目は3章で解説したように、あなたがクライアントとして募集を

応募してきたワーカーから探す

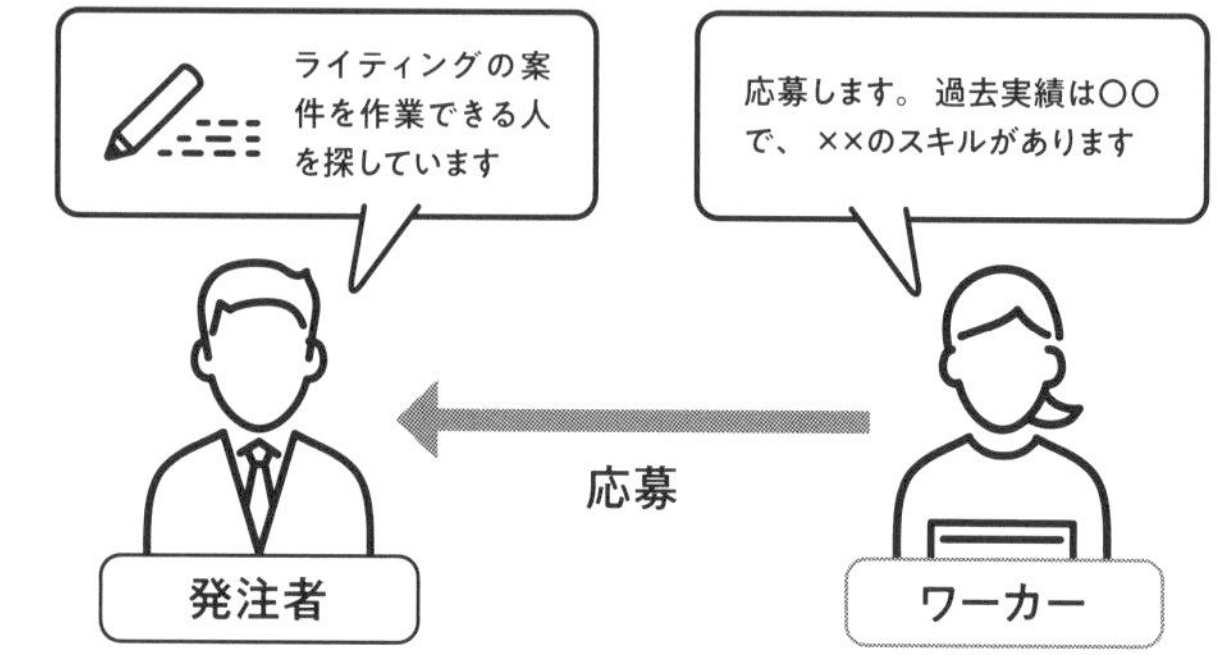
ライティングの案件を作業できる人を探しています
応募します。過去実績は○○で、××のスキルがあります
応募
発注者
ワーカー

案件を募集し、応募してきたワーカーのなかから人材を選定する

かけ、そこに応募してきた人から見つける方法です。

クラウドソーシングの使い方としてはスタンダードなもので、ワーカーからの応募を待つため「プル型」と呼んでいます。

そもそも、こうした案件に応募してくるという人は仮に専門的なスキルを持っていたとしても、クラウドソーシングサイトの中では評価が高いわけではなく、**むしろ、直近で手が空いている可能性が高いです。**

一方、サイト内で自動的に名前が出てくるような評価が高いワーカーさんは、自分で案件に応募しなくても直接依頼が来るので、基本的に忙しい場合が多いです。

そのため案件募集で応募してくる人は実績とスキルが伴ってない場合もありますが、中には**専門性があったり、ワーカーとして潜在的にスキルが高い**というような自分の理想とする人材と出会える可能性もあります。

特に「ワーカーさんを探す」ことを目的とした応募の場合、ニッチな案件では出会える人材の幅もかなり狭まってくるので、募集の出し方を工夫して特定のスキルを持つ人を探し出すというやり方もあります。

その際は「書籍のライティングの経験がある方」とか「コピーライ

ターの経験がある方」など、特定の依頼内容ではなく、それぞれの専門ジャンルを広く指定して、それに応募してきた人の中から選んでいけばよいでしょう。

直接連絡する

一方、募集形式で人が見つからない場合や、特定のスキルを持った人材を今すぐ探したい場合は、ワーカーさんに直接連絡を取るのも一つの方法です。

クラウドソーシングサイトでは、どのサイトでもキーワード検索ができます。

「動画編集」「ＨＴＭＬ」などキーワードに引っかかるようなワーカーさんを選び、プロフィールを確認してこちらの条件を満たしている人に声をかけます。

直接声掛けする場合、こちら側からアクティブに動くことができるので、「この人なら自分のアイディアを製品として落とし込むことができる」「この人なら発注時のコミュニケーションがスムーズに取れそうだな」というように、自分と相性の良い人を探す目的がある場合は有効です。

ただし、検索上位に出てくる評価の高いワーカーさんはそれだけ人気ということでもあるので、直近のスケジュールが埋まっていることも多く、急ぎの仕事を振りたい場合は考慮する必要があります。

しかし、**経験上、こちらの探し方の方がレアなスキルを持った人を探し出せる可能性が高い**と思っています。

先程のオゾンの専門家の話もそうですが、そうした特別なスキルがダイレクトに活きる仕事を振ることができれば、通常のルートよりもコス

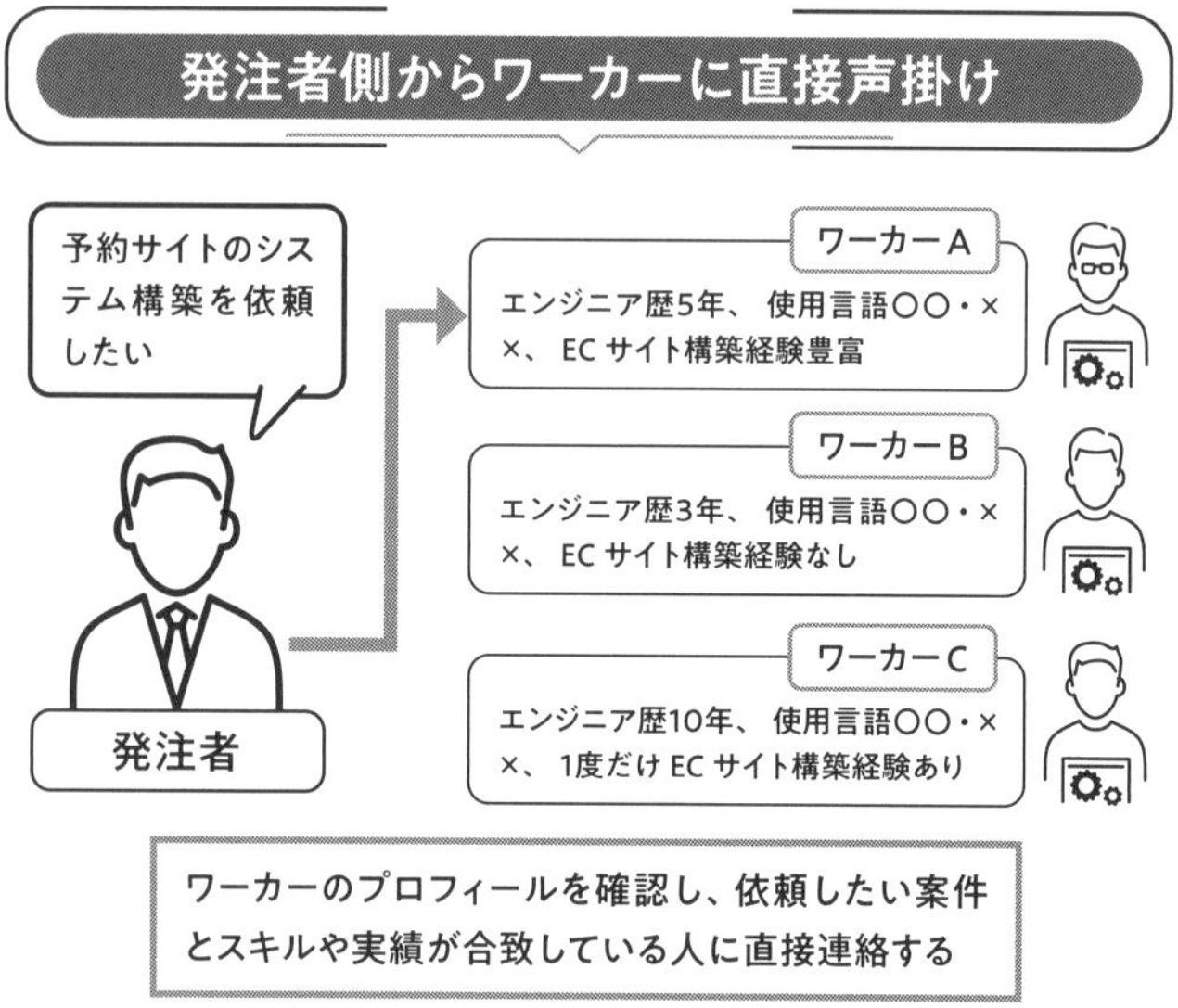
発注者側からワーカーに直接声掛け
予約サイトのシステム構築を依頼したい
発注者
ワーカーA
エンジニア歴5年、使用言語○○・××、ECサイト構築経験豊富
ワーカーB
エンジニア歴3年、使用言語○○・××、ECサイト構築経験なし
ワーカーC
エンジニア歴10年、使用言語○○・××、1度だけECサイト構築経験あり
ワーカーのプロフィールを確認し、依頼したい案件とスキルや実績が合致している人に直接連絡する

トをかなり下げることができます。**要はこちらのやりたい仕事と彼らのスキルがしっかりマッチしていればよい**わけです。

例えばエンジニアと組んで予約サイトの構築を行いたい場合、こうしたサイトの構築経験がない人はいくら技術があっても1からの作業になってしまい、時間やコストも増加します。

一方、経験者であれば

過去の成果物を参照することができるので、作業時間が大きく短縮できるのです。

ただ、直接依頼をかける場合、ワーカーの過去制作物などもしっかりと確認したうえで声かけを行う必要があるため、こうした点も意識して調べるとよいでしょう。

より効率的にクラウドソーシングを活用するために

デザインは「コンペ」を活用しよう

人の集め方と少し近い話でもあるのですが、特に**デザイン系の仕事の場合は「コンペ形式」が役に立ちます。**3章でざっくり解説したようにコンペは複数のワーカーさんから案を募り、その中で1位のワーカーさんから案を買い取る形で料金を支払います。

コンペは複数案を見たい時に最適

デザイナー1人に複数案を出してもらう場合

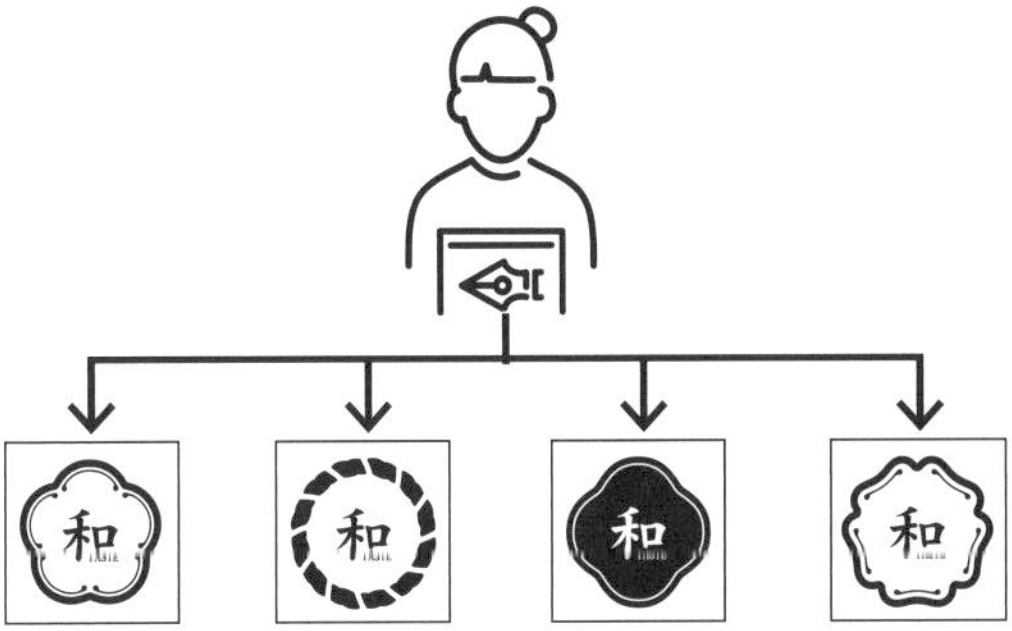

案ごとの違いを意識しても、デザイナー本人の「色」が反映されて、似たテイストになってしまう

コンペ形式で複数のデザイナーに1案ずつ出してもらう場合

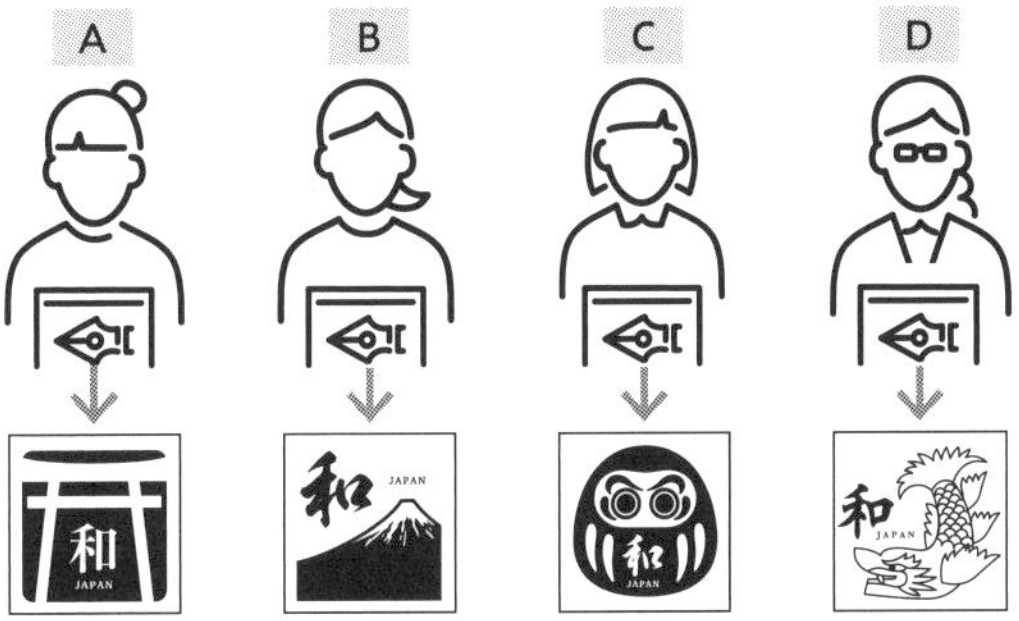

クオリティの差はあるが、それぞれ違ったテイストのデザイン案が出やすい

私は「**複数の案からデザインを決めたいとき**」にコンペをよく活用しています。

普段のビジネスにおいて、例えば名刺のデザインであったり、ウェブサイトのデザインを発注する際には、割と同じデザイナーに頼むことが多いです。

彼らはもちろん優秀で、いつも良いデザインを上げてくれるわけですが、**1人で作ることができるデザイン案というのは方向性が似てきます。**

仮に1案件に対して普段と違ったものを作りたい場合に「ちょっと違う方向性の案が欲しいんだよなぁ……」となるケースがままあります。

そんな時に**コンペ形式を活用すると、必然的に複数のデザイン案を見ることができる**ので、普段と違う角度のデザインを検討したいと言う場合に非常に有効です。

コンペ実例

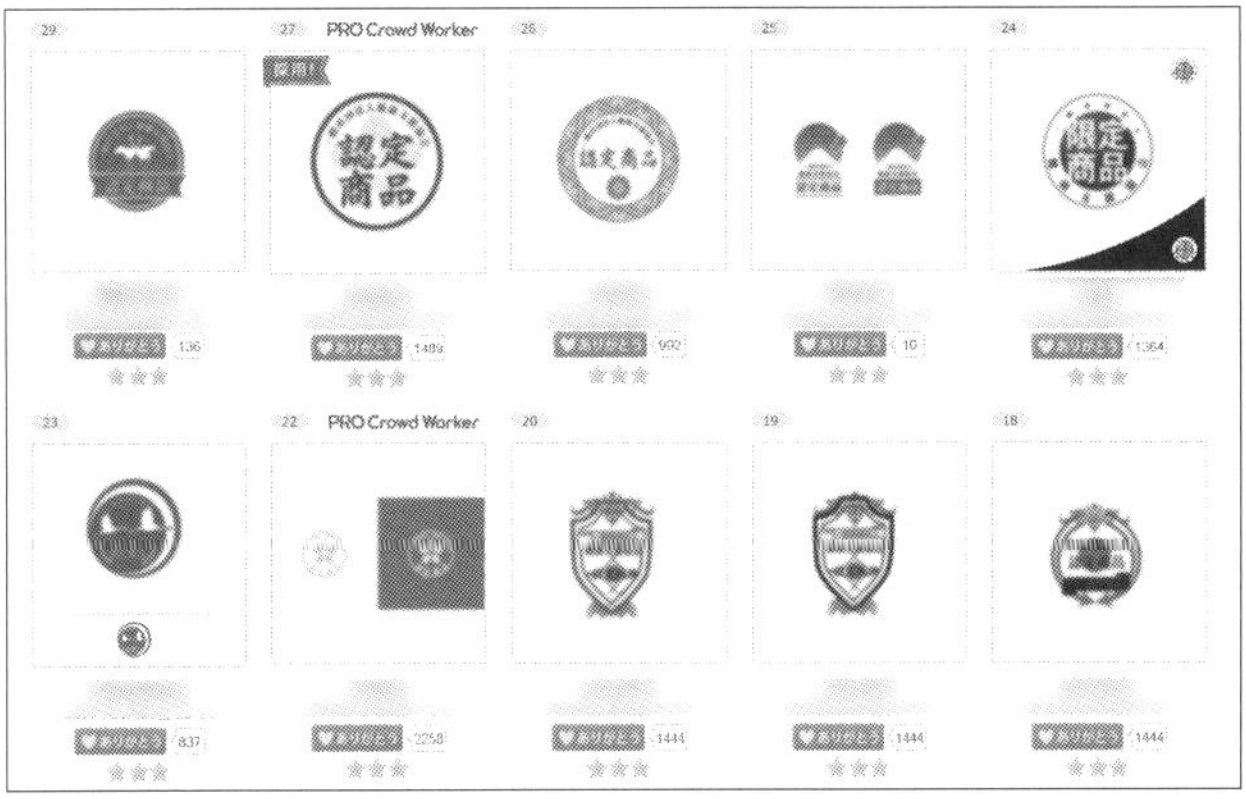

商品の認定ロゴを募集した例

また、応用編として「**優秀なデザイナーを見つけたい場合（人材の発掘）**」にもコンペは有効です。

例えば、「ホームページのトップ画像を1枚デザインしてください、1位に5万円を支払います」というコンペの依頼を出します。そうすると、優秀な人は基本的に良いデザインを上げてくれます。そうした**デザイ**

ナーが見つかったら、コンペ終了後、その人に別案件を依頼する場合もよくあります。

苦手な作業をクラウドに投げる

クラウドソーシングを使う上では「**自分の苦手な作業をクラウドに投げる**」という点を意識しておきましょう。

例えば私はＰｏｗｅｒＰｏｉｎｔの作成がとても苦手です。日常的にＰｏｗｅｒＰｏｉｎｔを使ったプレゼンの機会もよくあるのですが、本来、文章を箇条書きにしてそれを読み上げるくらいの事しかやりたくありません。だからこそ、こうした苦手な作業は積極的にクラウドソーシングに振ることを意識しています。

クラウドソーシングサイトには、大体１枚５００円くらいの相場で、

苦手な作業を外注して得意作業に集中する

得意な作業

山本の場合……

- マインドマップを使った、全体構成の作成
- 企画やアイディア出し

↓

こちらの作業に集中する

苦手な作業

- PowerPointのデザインなどの作りこみ
- ルーティンワークや流れ作業

↓

こちらの作業は外注する

Wordの文章からPowerPointの資料作成を行ってくれるワーカーさんがいます。

　一方、私はPowerPointの作成は苦手ですが、一方でマインドマップなどを使った構成の作成やアイディア出しは得意です。ですので、「**私はマインドマップの作成を先に行って、出来上がったものをPowerPointのデ**

ザインができるワーカーに振る」という流れを作ることができれば、私は得意な作業に集中することができます。

ほかにも、「○○スクール講師の料金を調べてください」「YouTubeのサービス料金の比較表を作ってください」といったルーティンワークのような流れ作業は私は苦手ですし、私とほかの人で作業効率が変わりません。であれば、そうした作業を全部クラウドで振って、自分の得意な仕事に集中する方がより効率的にビジネスを回すことができます。

ベルトコンベア方式で作業を解体して依頼すること

これは1章でもお話したことですが、クラウドソーシングは「仕事を細かく分解して、ベルトコンベア式に振る」が大前提です。

作業の分割例

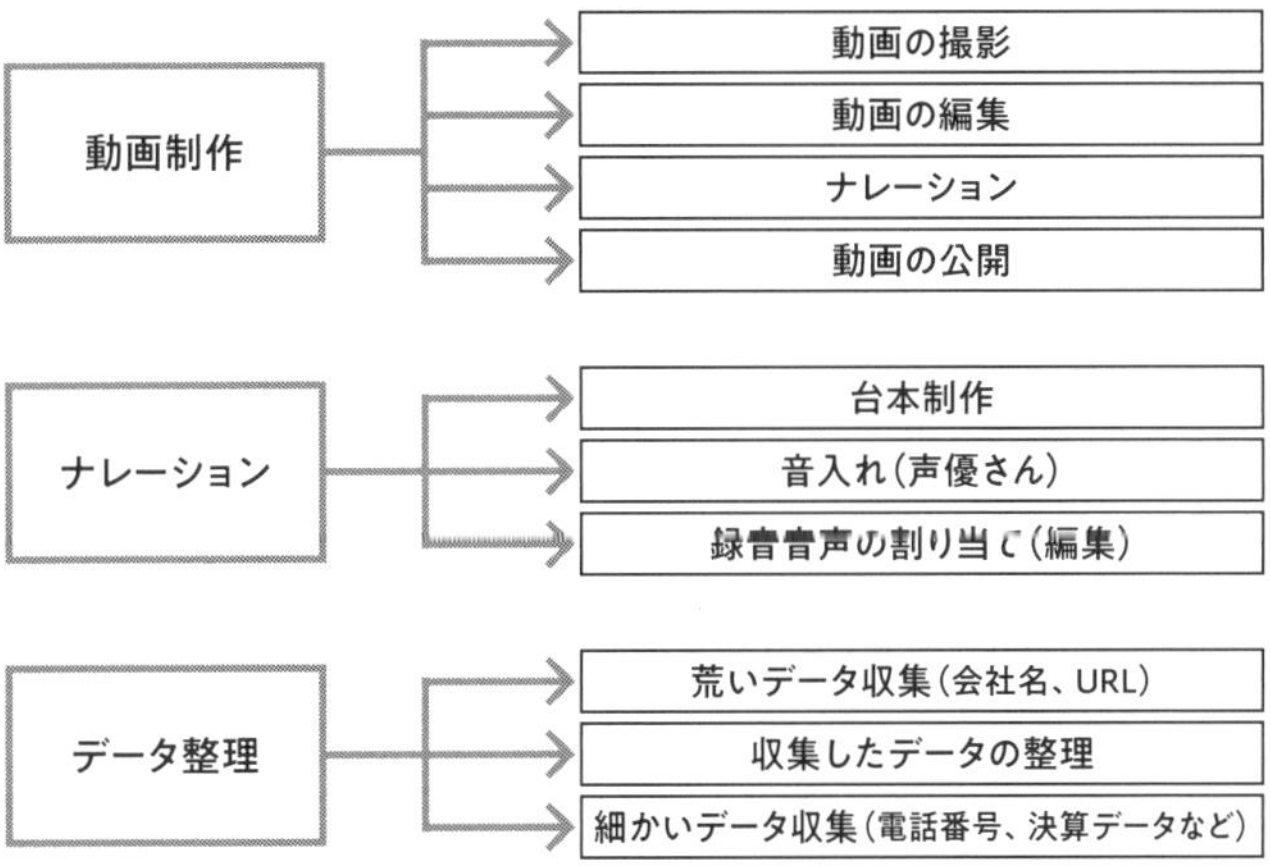
動画制作
動画の撮影
動画の編集
ナレーション
動画の公開
ナレーション
台本制作
音入れ（声優さん）
録音音声の割り当て（編集）
データ整理
荒いデータ収集（会社名、URL）
収集したデータの整理
細かいデータ収集（電話番号、決算データなど）

例えばホームページの作成など、誰かにコーディング、プログラミング、コンテンツのライティングなど、HP制作にまつわるすべての作業を依頼すると高いコストがかかります。

　一方、クラウドソーシングを活用することができると、先ほどの例であれば、「コーディング」「デザイン」「ライティング」それぞれの作業を分割して、ベルトコンベア方式で別々のワーカーに振ることができ、コストの面では各段に下げることが可能です。

ワーカーが悩まない依頼をする

ベルトコンベアの話とも関係しますが、作業を分割する際の大きなポイントは、**「ワーカーさんが面倒だと思わずにできる単位まで分割する」**という点です。

一部の専門性のある内容を除いて、クラウドソーシングを通じてワーカーに外注する仕事は基本的に「作業」です。逆に言えば、**ワーカーさんが「考える時間が多い仕事」はクラウドソーシングではあまり向いていません。**

具体的に、先程のデータ整理の例で考えてみましょう。ベルトコンベア方式では原則的に、「会社名やURLを取る作業」と「集めたデータの重複を削除する作業」「細かいデータを取る作業」はそれぞれ完全に別の仕事で、これをそれぞれ違うワーカーに発注します。

一方、この3つの作業を1人のワーカーに依頼した場合、ワーカー側で「どのみち、荒いデータを取った後で細かいデータをも取るのだから、今このタイミングで細かいデータまで取った方が良いのでは…？」というように、考える余地が生まれてしまうのです。

一つ一つの作業は簡単なものですが、それが横断的になってしまうと変に作業が複雑化しやすいので、結果的に効率が下がったり、迷いが生まれてしまう原因になります。

そうした理由から、**依頼する作業は極限までシンプルな形で区切り、ワーカー側に考える余地を与えないようにすることが、最も効率の良い依頼の形です。**

作業内容をシンプルな形で区切ることは効率面の他にも、「認識の相違を避ける」という意味でもメリットがあります。

よくあるのが、「発注者が作ってほしいものと、出来上がったものが違う」場合です。

そこで、**そうした認識の相違を避けるために、私の場合は作業に関するマニュアルを案件のたびに作成しています。**

例えば何かの記事のライティングを依頼をしたいと考えているとして、ライターにイメージや企画書をそのまま渡すと、考える余地がありすぎて認識の相違が起きる可能性があります。

そのため、ライターには本文のテイストが伝わるような一部原稿の下書きや構成案、もしくは目次を作成して渡すなど、作業内容をより具体的にイメージできるようにしています。

逆に、ここまでしてイメージ通りの制作物が上がってこなければ、それはワーカーのスキルの問題だと思います。

マニュアルの事例

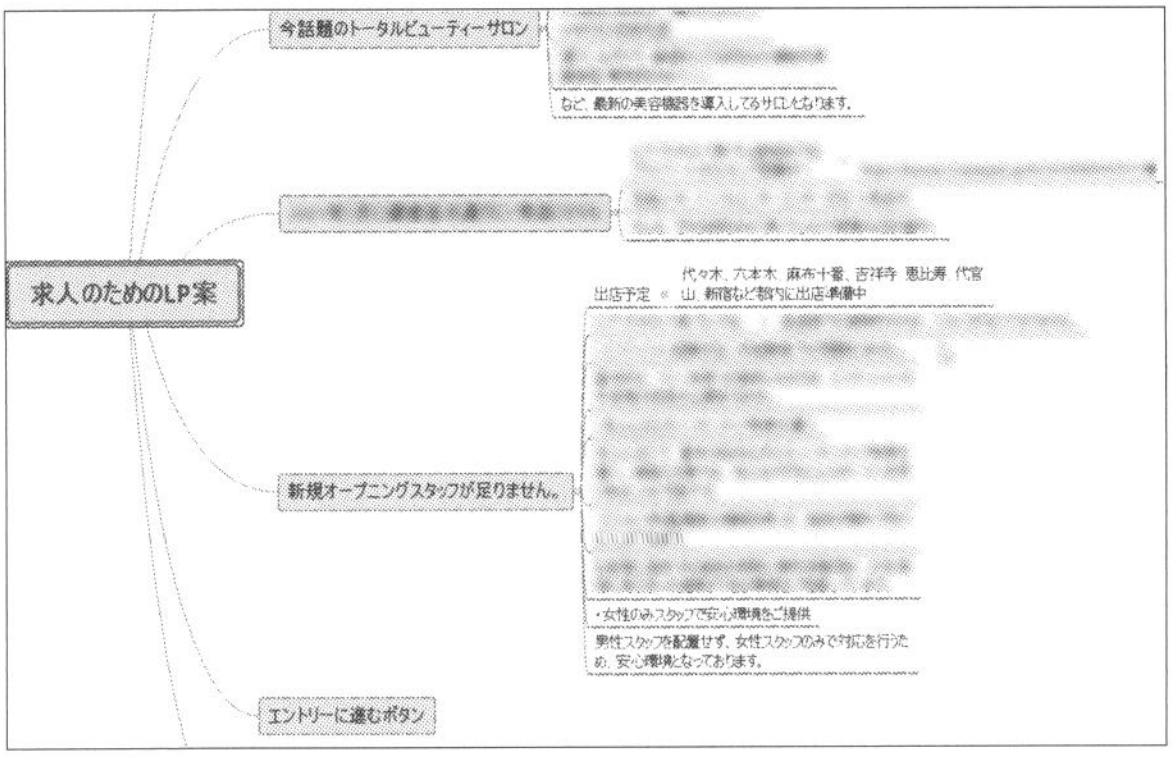

美容サロンの求人用 LP 制作依頼をした際には、 マインドマップを使ってマニュアルを作成しました

クラウドソーシングだけでなく、**ビジネスで一番避けたいのは、こちらが作ってほしいものと、制作物が全く異なるという事態です。**

作り直してもらうにも時間がかかりますし、中途半端に仕上がったものを引き取って修正するのは、よりコストや時間もとられてしまって外注化する意味がなくなってしまいます。

先程のライティングの例のように、こちらが細かな部分まで設定するということはある意味コストにはなりますが、認識の相違を避けることができるため、結果的には安く依頼ができることが多いのです。

また、**ワーカー側の裁量が減ることで作業が明確になり、コミュニケーションも取りやすくなるので、関係性が良くなると言う点もメリットの一つです。**

こうしたマニュアルを作る際、伝え方は大きく分けて3つあり、ワーカーに伝える要素のボリュームに応じて方法を変えています。

まず本当に簡単なもの、例えば1分程度で伝えられるようなマニュアルについては、Zoomで話した内容を録画したり、gyazo（スクリーンショットサービス）を使って、動画の資料をスクショし、それをマニュアルとしてワーカーに送ります。

一方で、デザイン案などワーカーに視覚的に伝えたい依頼内容は、

ＷordやＥxcelを使ってマニュアルを作成し渡しています。システムの制作依頼などはこれらに管理画面などを示すラフを画像として配置してイメージを伝えるようにしています。

また、書籍の構成案など、少し込み入ったものになると、マインドマップを活用して、より詳細にイメージが伝わるようにやり方を工夫しています。

プログラムで申込みしてきている人を排除

クラウドソーシングを使う上でよくトラブルになりがちなのが、外国人ワーカーとのやりとりです。

特にシステムやサイト構築などの案件を募集すると、日本人だけではなく外国人からの応募がある場合があります。これはあくまで個人の意見ですが、私は基本的に日本人のワーカー以外には依頼しません。

これは単純に言語の問題で、細かいコミニケーションがうまくいかないリスクを避けるほか、これまでの経験上、外国人ワーカーは「やるやる詐欺（スキルが足りていないのに、足りていると嘘をついて受注する）」が多く、手痛い失敗をしたこともあったので、そうしたリスク回避の意味もあります。

また、外国人に限りませんが、サイト上で新規案件が上がると自動的に応募するようなプログラムを組んでいる業者もあります。そうした業者についても基本的にトラブルを避けたいので、応募が来ても排除するようにしています。

100発100中は狙わない

本書では「クラウドソーシングがビジネスにおいて非常に有効である」という前提でお話をしてきましたが、それを踏まえた上で「100発100中を狙わない」という点を頭に入れておいた方がいいでしょう。

専門業者に依頼する場合は、ある程度のクオリティーが担保されていて、丸投げできるメリットが比較的高いコストとの天秤になっています。一方クラウドソーシングサイトには本当に多様なワーカーが登録しているので、一人ひとりが持つスキルも様々です。

いくらサイト内で評価が高いワーカーであったとしても、その人の持つ専門性やスキルが、自分の依頼する作業内容と100%合致しているわけではありません。

ざっくりと言えば「失敗する場合もある」ということなのですが、**専門業者に比べて当たり外れがある点で、そのぶん市場価格よりもコストを大幅に下げられる可能性とトレードオフになっているのです。**

そのため、クラウドソーシングで人を探す場合は、「スキルや作業内容にバッチリ収まる1人を探す」よりも、いろいろな人に声をかけた上で、その中から依頼する人を精査するスタンスの方がよいでしょう。

特殊能力を持っている人を囲う

クラウドソーシングの良いところは、一般的なビジネスの世界で過ごしていると出会えないような、特殊技能を持った人材と出会う場でもある点です。

例えば、ミーティングの議事録をグラフィック化する「グラフィックレコーディング」と呼ばれる仕事があるのですが、普段、このような仕事を専門にやっている人材と出会う場は少ないでしょう。

こうしたワーカーさんと知り合うことができれば、外注作業のほか、スキル自体が特殊なので、むしろその人を紹介するビジネスを展開することもできます。

例えば、グラフィックレコーディング専門のLPを作っておいて、「あなたの生い立ちをグラフィックレコーディング化します」というサービスを立ち上げるとします。仕事の割り振りとマネジメントをあなたが行い、10万円の価格設定であれば、そのうちの7万円を取り、ワーカーさんに3万円という配分仕事が受注できれば、グラフィックレコーディング専門のプロダクションのような形でビジネスが展開できるのです。

こうした特殊能力の例では、例えば「アニメーション動画を作ることができる」「3DCADグラフィックデザインができる」というような

抱えることができればビジネスを展開できる

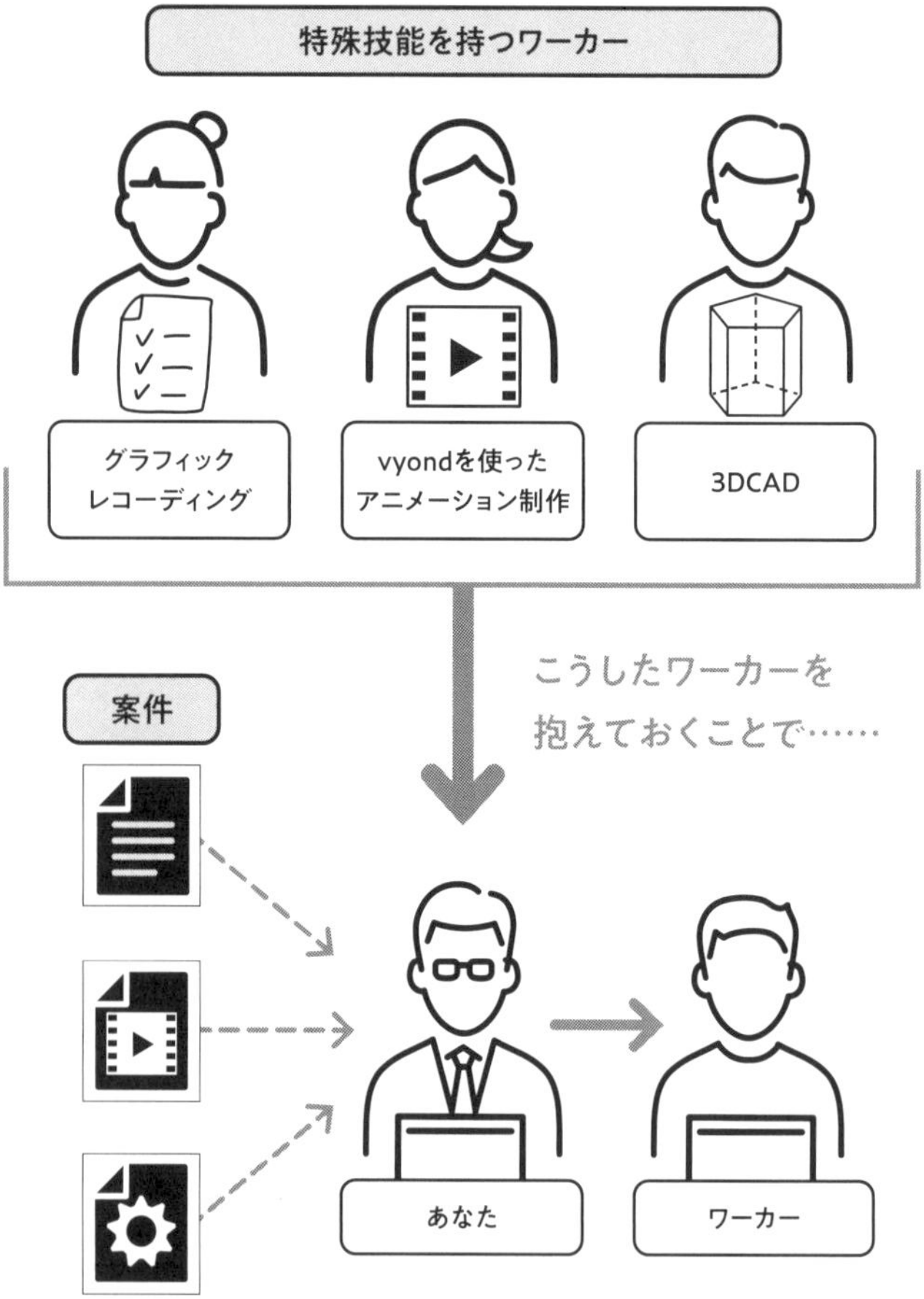
特殊技能を持つワーカー
グラフィック
レコーディング
vyondを使った
アニメーション制作
3DCAD
こうしたワーカーを
抱えておくことで……
案件
あなた
ワーカー

あなたが案件を取りまとめて、特殊技能を持つワーカーに振り、仲介料を取るビジネスを展開できるケースも当てはまります。

ここでのアニメーション動画とは、近年ではYouTubeなどでよく活用されている、vyondと言う専用ソフトを使って、用意された台本や編集方針に従って動画を作成できる能力のことをいいます。

vyondの使い方を習得するのはアニメーション制作ソフトの中では比較的簡単な部類に入ります。ただし、内部素材だけではなく外部素材を組み合わせたり、デザイン的な経験値やセンス次第で制作物のクオリティはかなり左右されます。そのため、**vyondを高いレベルで使いこなして制作できる人材は、動画市場においてかなり需要があるのです。**

また、グラフィックデザインについても、**例えば3DCADのような専門ソフトを使える人材はクラウドソーシング市場においては非常に希少価値があります。**

ここでの要点は、グラフィックレコーディングやアニメーション動画作成、３ＤＣＡＤだけがそうした特殊技能というわけではないということです。一般的に「外注すると非常に高くコストがかかるような技能を持つ人材」をクラウドソーシングサイトで見つけた場合は、積極的に声掛けをして囲っておきましょう。

リスト化して、いつでも案件を動かせる状態であれば、**自社案件だけでなく、あなたが仕事を取ってきて各種人材に振るというように、別のビジネスに発展させていくこともできるのです。**

SNSから直接ナンパする

これは少し裏技的な話になるのですが、私は、クラウドソーシングで依頼するのと似たような形で、ツイッターやインスタグラムなどＳＮＳ

経由で直接ワーカーに依頼することもあります。

クラウドソーシングサイトではワーカーのプロフィールページにSNSやメールアドレスを書いている場合があります。要は、ここに直接連絡をして、クラウドソーシングサイトを介さずに案件のやり取りをすると言う形です。ただし、これはクラウドソーシングサイト全般で禁止されています。直接取引に該当しますし、サイト内で「あとは直接やり取りをしませんか？」といったメッセージを送ることは基本的に禁止されています。

理由は、直接取引となると、依頼者側としては「ワーカーが制作物を納品しない」、ワーカー側としては「制作物を納品したのに料金が支払われない」といったように、本来、クラウドソーシングサイト経由では発生しないトラブルにつながりやすいからです。

そのため直接取引はそういったリスクがあるという点をあらかじめ認

識する必要がありますし、あくまで裏技的な視点で依頼方法の一形態としてお伝えするだけにしておきます。

クラウドワーカーを探す手段として、クラウドソーシングサービスを利用することを中心にお話してきましたが、人によっては、ツイッターのみで仕事の受注をしていて、クラウドソーシングサービスに登録していないというパターンもあります。

そのような人を見つけて仕事を依頼したい場合も、ツイッターなどでDMを送ってみたりするのが有効なのです。

ツイッターで活動している人であれば、同業者など横のつながりがあったり、フォロワーが多ければ別の仕事でつながる場合もあるという意味では、SNSを活用しながら依頼者を探してみるのも手なので、応用例として頭の片隅にでも記憶しておいてください。

クラウドソーシング活用に必要な「クラウドディレクター」

「完璧なワーカーの管理」には経験値が必要

ここまで、皆さんにクラウドソーシングをより活用していただくためのティップスを色々とお伝えしてきました。

私自身は基本的にクラウドソーシングが、あなたのビジネスの幅を大きく広げることにつながると強く感じています。

一方、こうした活用方法は、クラウドソーシング黎明期からビジネスで利用してきた経験を元にお伝えできるものです。クラウドソーシングの魅力は十分お伝えできているとは思いますが、すべてのテクニックを踏まえて皆さんが明日から完璧に活用できるとは考えていません。

特にネックになるのが、「ワーカーを管理する」という部分です。ベルトコンベア方式で仕事を外注する場合、作業を細かく分割し、一度に複数のワーカーとコミュニケーションを取り合い、円滑に制作物を仕上げる必要があります。色々と振った中で一部の仕事は管理できると思いますが、外注を初めて経験する人にとっては、日々別の仕事を進めながら、平行してワーカーを完全に管理するのはハードルが高いと感じている人も多いのではないでしょうか。

次章ではそうした悩みを解決するキーワードとなる「**クラウドディレ**

クター」について紹介していきます。クラウドディレクターはいわば「外注管理の外注」を行う仕事で、日々忙しい読者の皆さんがクラウドソーシングを完璧に活用するためには、まずクラウドディレクターを見つけることから始めるのがよいでしょう。

4章まとめ

第3章、第4章とクラウドソーシングについての活用例の「いろは」をお伝えしてきましたが、ご理解頂けましたでしょうか。

いきなりたくさんのジャンルでの活用例をご案内したので、すぐにすべてを理解することは難しいかもしれません。自分が扱える知識があるジャンル、全く自分がこれまでに関わったことがないジャンルなど、自分が扱える仕事幅が狭ければ対応できる仕事も少なくなってしまいます。

そんな、知識も経験もないジャンルでも仕事をこなすことができるようになるのが、次の第5章で紹介する「クラウドディレクター」です。この「クラウドディレクター」で仕組み化した人が、クラウドワーカーを有効利用できるようになります。

~格言~

クラウドディレクターを上手に活用できる者がクラウドソーシングを制する。

5章 PART 5

外注化をよりスムーズに進めるクラウドディレクター

クラウドディレクターってどういう仕事なの？

発注者とワーカーを円滑につなぐ仕事

クラウドディレクターの主な作業内容は「ワーカーさんの進捗管理」です。これまでクラウドソーシングと言えば、「ワーカーさん⇔発注者」の関係のみと考えられてきましたが、この関係の中間に立ち「ワーカーさん⇔クラウドディレクター⇔発注者」このような形で、**ワーカーさん**

と発注者の間を円滑につなぐのがクラウドディレクターの仕事です。

皆さんはあまり馴染みがないかもしれませんが、実はクラウドワークスでは2016年ごろからクラウドディレクターという言葉を広める活動をしており、近年ではパラリークスなどほかのクラウドソーシングサイトなどでもクラウドディレクターの活用事例が出てきています。

必要スキルは?

具体的にクラウドディレクターは何をしているのかと言えば、文字通り**「クラウド上の案件をまとめてワーカーさんの作業を管理する仕事」**です。

言い方を換えると「ディレクション」なのですが、世の中にある似た仕事では「WEBディレクション」「アートディレクション」のような

クラウドディレクターの仕事

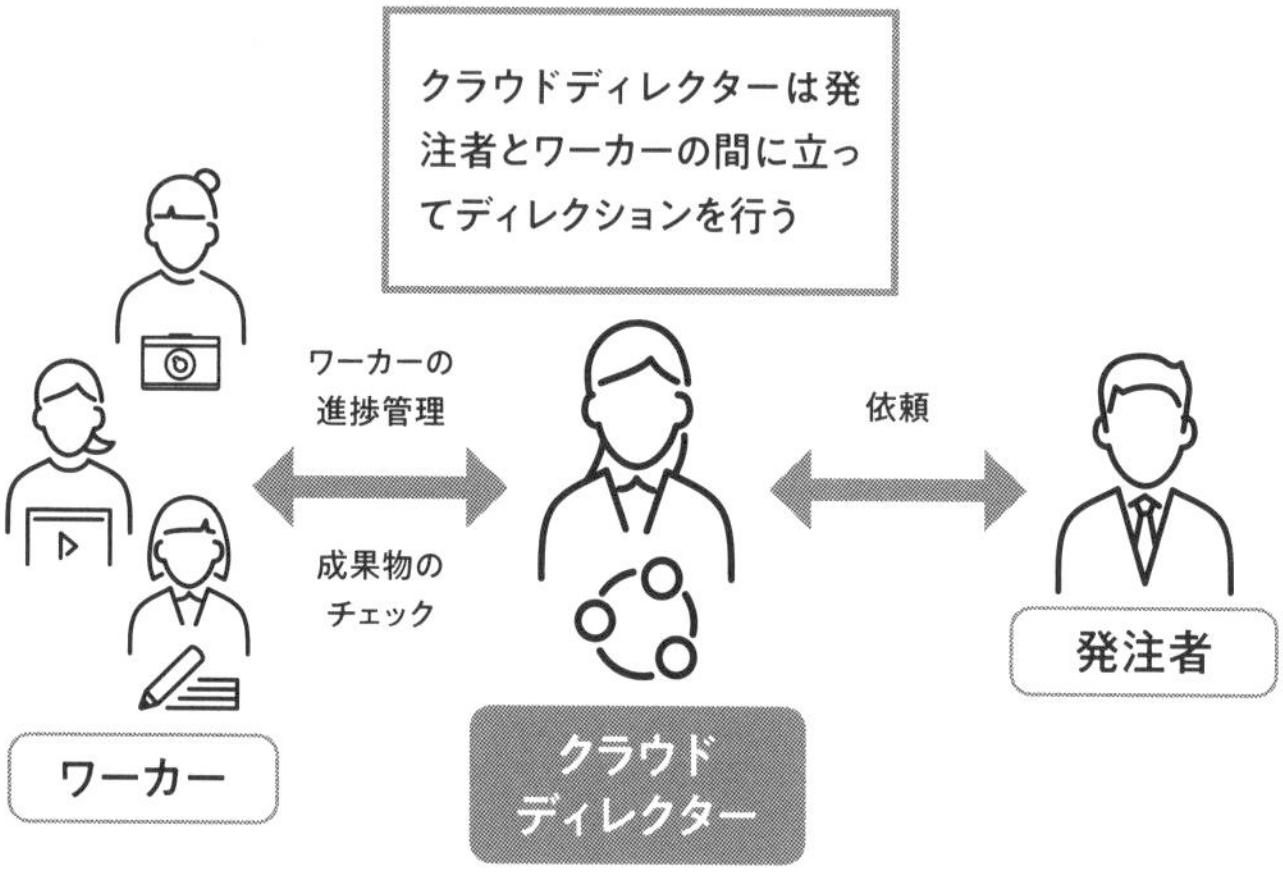
クラウドディレクターは発注者とワーカーの間に立ってディレクションを行う
ワーカーの進捗管理
成果物のチェック
依頼
ワーカー
クラウドディレクター
発注者

ものがあるので、作業内容も難しそうなイメージを持つ人もいるかもしれません。

しかし、クラウドディレクターの実際の作業はそんなに難しいものではありません。少し慣れは必要ですが、「**ワーカーさんとしっかりコミュニケーションが取れる**」「**スケジュールや進捗の管理ができる**」この2つがしっかりできれば未経験でも十分に活躍できる仕事です。

クラウドディレクターのメリット

クラウドディレクターがやっていることは、会社組織と同じです。例えば一定の規模の会社であれば、社長は「自社の製品開発」「営業」「経理」「人事」などすべての仕事を一人でやっているわけではありません。必ず誰かに仕事を振って複数の作業を回しながら利益を出すわけです。

クラウドディレクターも、「誰かに仕事を振る→成果をチェックする」これを専門の業務としてやっているだけです。

ただし違いもあり、会社を立ち上げてビジネスを回していくには、それぞれの部署ごとに専門スキルを持った人材を雇用しないと行けませんが、これには給与という形で月ごとに固定費がかかります。

クラウドディレクターと会社組織

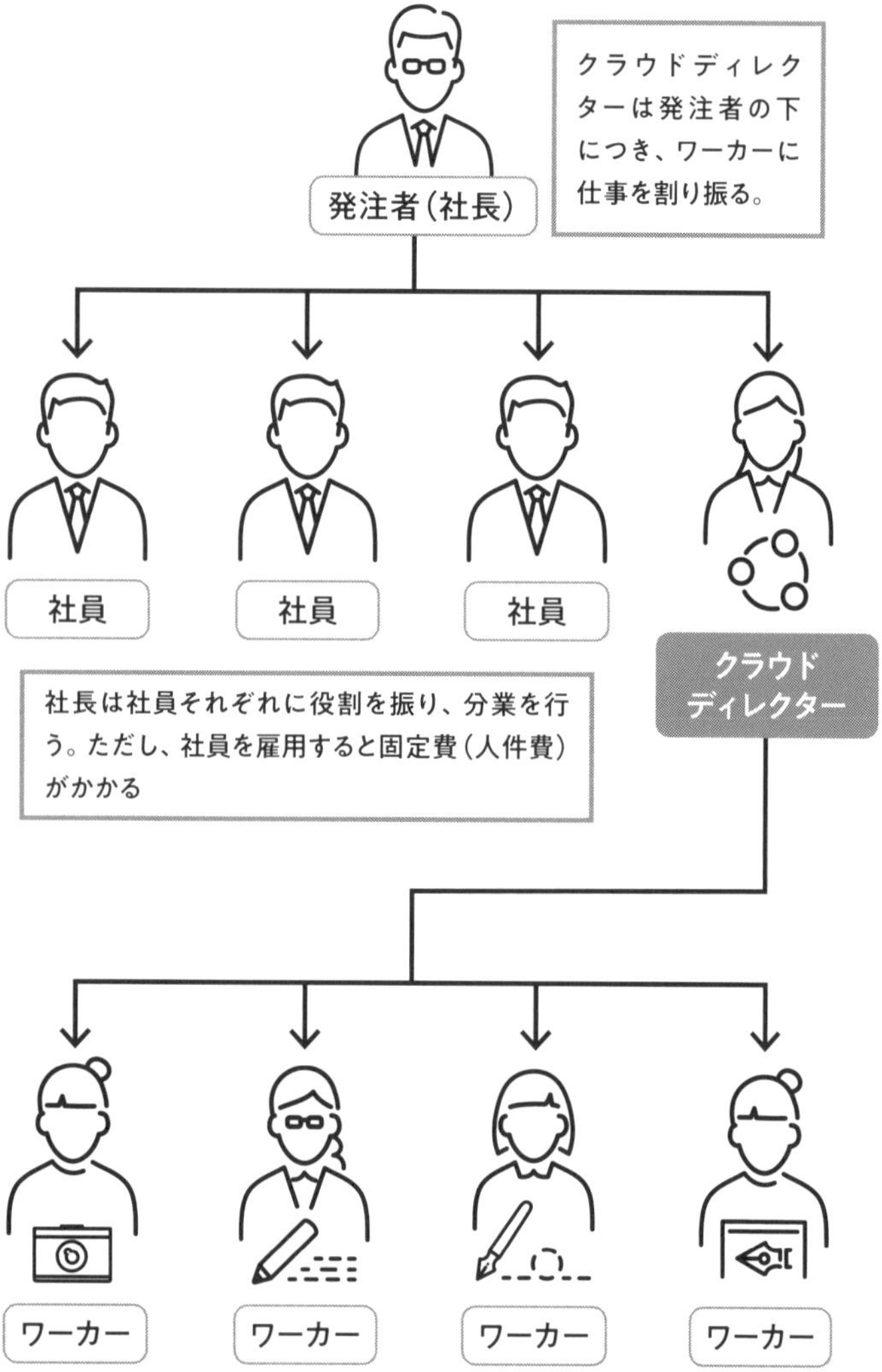

発注者（社長）
クラウドディレクターは発注者の下につき、ワーカーに仕事を割り振る。
社員
社員
社員
クラウドディレクター
社長は社員それぞれに役割を振り、分業を行う。ただし、社員を雇用すると固定費（人件費）がかかる
ワーカー
ワーカー
ワーカー
ワーカー

仮に社員が何も仕事をしていなくても、月々一定額を支払う必要があるので、その固定費を支払うために仕事を取ってきて回さないといけないというリスクがあるのです。

一方**クラウドディレクターの場合は、基本的に業務が発生したら料金を支払う形になるので、費用は都度払いとなります。**固定費がかからないということは、仕事が発生した時のみ振れば良いので、その点がメリットといえるでしょう。

ディレクションのスキルがあれば対応できる仕事の幅が広がる

クラウドディレクターには二つの選択肢がある

仕事内容についてはある程度理解していただけたかと思いますので、ここからは実務としてクラウドディレクターを活用していく際の、2つの選択肢についてお伝えしていきたいと思います。

一つ目は「**自分がクラウドディレクターになる**」という方法です。

私自身もこれまでクラウドソーシングを長く利用していくなかで、自然とディレクションのスキルを培ってきました。そもそもやっていることが社長業とも近いため、日常的に「クラウドディレクター的」な発想で複数のビジネス領域の仕事をさばけるようになりました。

当然、自分でクラウドディレクターの仕事をする際には、あなた自身がディレクション（指示出し）を行う手間がありますが、**ディレクションさえできれば、自然に幅広い分野の仕事を受けられるようになるのです。**

例えば、私のようなビジネスをやっていると、クライアントからよく「山本さん、こういう動画の仕事できないですか？」と相談されます。こうした時、私は「**動画制作のスキルがあるワーカーさん、今誰が手空いてるかな**」という思考になります。

つまり、私自身が作業するわけではなく、抱えているワーカーさんの中で誰が対応できるのかをまず考えるのです。

次に、クライアントに以下のような作業の詳細を確認します。

- **動画はどんな内容なのか？**
- **ｖｙｏｎｄなどのソフトを使ったアニメーションなのか？**
- **実写なのか？**
- **撮影は必要なのか？**

こうした具体的な内容を聞きつつ、抱えている動画制作ジャンルのワーカーさんの中で誰が最適かを検討し、依頼内容と合致するワーカーさんがいればその人に仕事を発注します。

仮に合致するワーカーさんがいなくとも、新しく募集をかければ基本的には見つかるので、新規で依頼します。

ここでは動画制作の案件を例に出しましたが、**要はディレクションを**

どんなジャンルの仕事でも対応できるようになる

コメディテイストのアニメーション動画って作れますか?
クライアント
はい、できますよ!
ちょっと面白いテイストの台本ならAさんに書いてもらうか
Aさん
Bさん
vyondだったらBさんがスキルあるな
編集はCさんに頼むか
Cさん
ディレクションのスキルを持つ人

自分が作業しなくとも、ワーカーさんを抱えてさえいれば、どんな仕事でも受けられる

※ワーカーさんを抱えていなくとも、新規で発注すればOK

行ってワーカーさんを動かすスキルさえあれば、自分が実務をやらなくてもどんな案件であっても対応することができるのです。

これは動画制作に限った話ではなく、どんなジャンルの仕事でも同じです。**仕事の話が出たら、自分が作業するのではなく、「誰が対応できるのか」をまず考える。**これが「クラウドディレクター的」な思考です。

だからこそ、クラウドディレクターのスキルがあれば受けられる仕事の幅が大きく広がるというわけです。

社内にクラウドディレクターの担当者を置く

クラウドディレクターの二つ目の運用パターンが「**社内にディレクション担当者を置く**」という方法です。

この運用方法にはいくつかメリットがあり、一つは「自分でディレクションしなくてよい」という点です。クラウドディレクターとしてビジネスを上手く回していくためには、まずディレクションのスキルが必要ですし、それ以上に「依頼可能なワーカーさんをどれだけ抱えられているか」が重要です。

ワーカーさんのリストは、一日で集められるものではありませんし、これに関しては外注を行う中で地道に構築していく必要があります。

一方、**既にワーカーさんを多く抱え、かつディレクションのスキルを持つ人材を社内に置けば、この問題は一気に解決できます。**

また、私はクラウドディレクターに仕事を振る場合、案件単位でなく月額の給与（固定費）を払ってしまっても良いと考えています。

なぜなら、**一人のクラウドディレクターを雇うことで、専門スキルを持つ人材だけを複数人抱えるよりも、何倍もの案件を効率的に回すこと**

3人で社員10人分の仕事を回せる

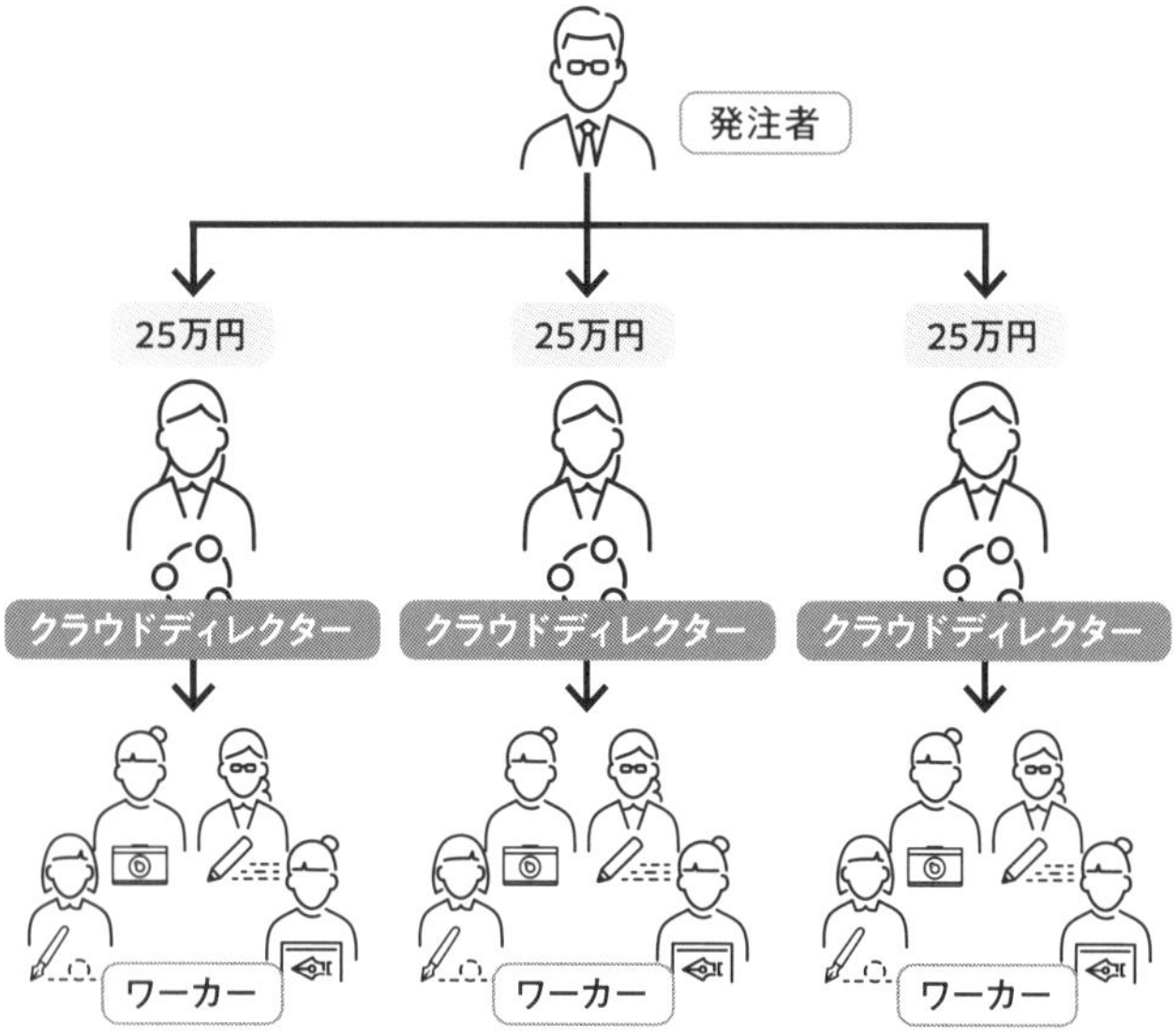
発注者
25万円
25万円
25万円
クラウドディレクター
クラウドディレクター
クラウドディレクター
ワーカー
ワーカー
ワーカー

優秀なクラウドディレクターが3人いれば社員10人と同じ作業を回すことができ、さらにコストも大幅に削減できる

発注者
社員

専門の社員10名に毎月20万ずつ給与を支払うと200万円以上かかる（+オフィス代や社保など）

ができるからです。

例えば、デザイン会社で10人のデザイナーを従業員として抱えていたとします。当然、彼らはデザイナーとして雇用しているため、デザイン以外の仕事を任せることはできません。

また、仕事の有無に関係なく給与は同じ額を支払う必要がありますし、さらに言えばデザインスキル自体も属人的なので、人によってクオリティの差が出やすいです。

しかし、デザイン業界に特化したクラウドディレクターが1人いれば、10人のデザイナーに匹敵するほど案件を回すことができます。デザイナー一人一人に支払っていた給与よりも多めにクラウドディレクターに支払っても十分おつりがでるほど、固定費の削減ができるのです。

加えて、人件費以外にも、コスト削減のメリットがあります。

クラウドディレクターは基本的に自宅での作業となるため、雇うとしても、わざわざオフィスを借りる必要もありません。

また、従業員を多く抱える必要もなくなるので、人を雇う際にかかるコスト（求人媒体等）なども大幅に減らすことができるのです。このように、クラウドディレクターがいれば、さらに効率的に仕事を回せるということがご理解頂けるのではないでしょうか。

だったらクラウドディレクターを育成する方がいいんじゃない？

クラウドディレクターを0から育てる場合

とはいえ、クラウドディレクターという概念自体がまだ新しく、優秀なスキルを持ち、豊富なワーカーを抱えるクラウドディレクターの母数は多くありません。

そこで、社内にクラウドディレクターを配置する方向で考える際には、**既に専任で活動している人材のほかに、「クラウドディレクターを育成する」という手段も考えておいた方がよいでしょう。**

例えば、アルバイトなどの人材をクラウドディレクターとして0から育成するケースを考えてみましょう。

といっても、**これはひたすら鍛錬・練習あるのみです。**

まず、あなたが行っている業務の中から、どの部分をクラウドで外注できるのかを知ることからはじめましょう。2～3章で紹介したような業務でなくとも、基本的にはどんな仕事でも外注できる作業はあります。

アンケートやタスクなど、どんな単純な作業でも良いので外注できるものがあれば、クラウドソーシングサイトを使って外注してみましょう。

最初は失敗もあるかもしれませんが、**依頼の数をこなすことで経験値**

が上がり、どうすればより効率的に業務を回すことにつながるのかが見えてきます。

ディレクターに引き上げる

こちらは私もよくやるのですが、**これまで依頼したことのあるワーカーさんの中から、クラウドディレクターに引き上げて育成する方法です。**

世の中には様々な仕事があり、すべてのジャンルをそつなくディレクションできる人材はそうそう見つかりません。とはいえ、クラウドディレクターを育てたいからと言ってクラウドワークスなどに「クラウドディレクター募集」と掲載しても応募はほとんど来ません。

であれば、初めから特定のジャンルに絞った上で、そのジャンルに特

ワーカーさんを育ててディレクターに引き上げ

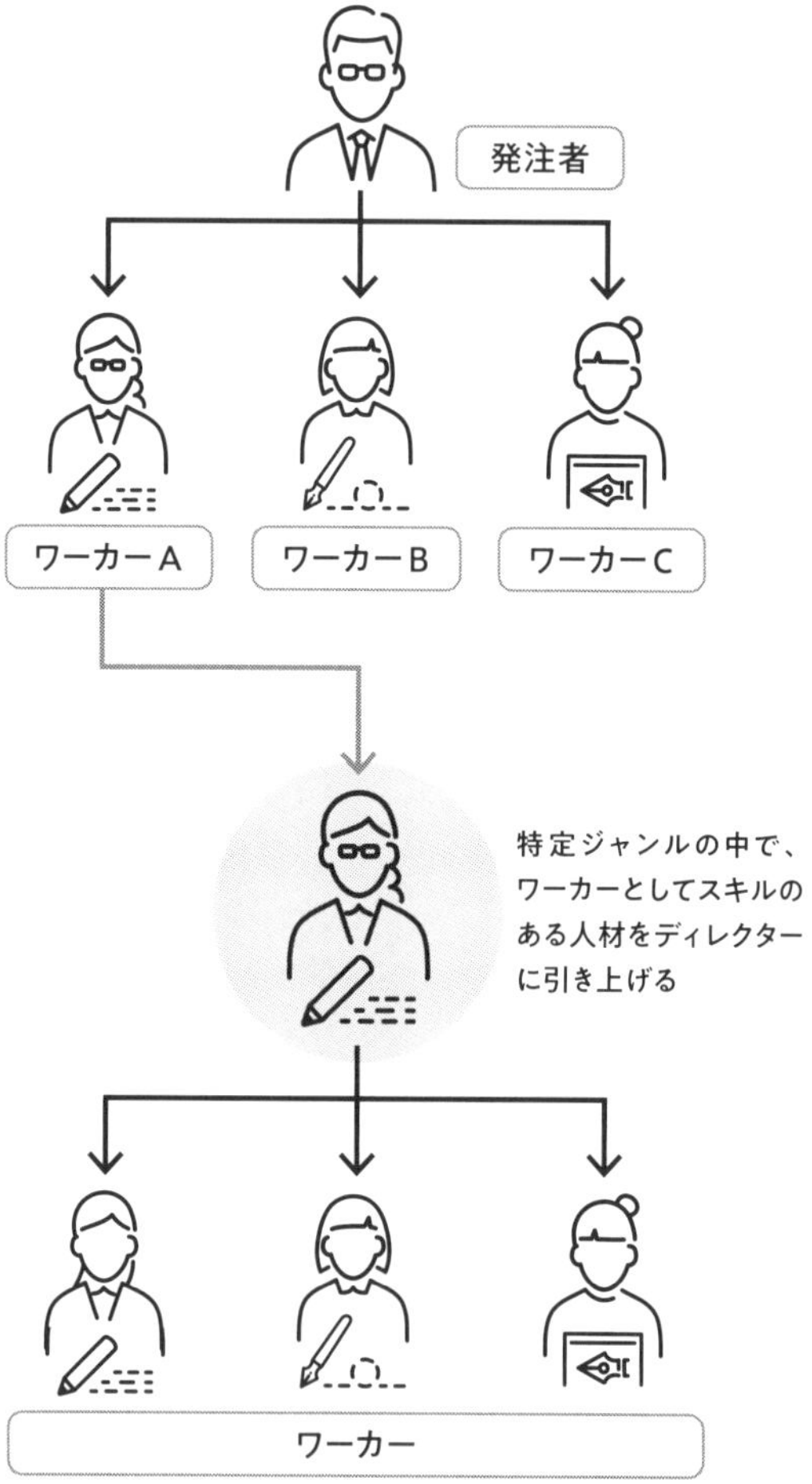
発注者
ワーカーA
ワーカーB
ワーカーC
特定ジャンルの中で、
ワーカーとしてスキルの
ある人材をディレクター
に引き上げる
ワーカー

特定ジャンルの中だけでのディレクションであれば、スキルを活かしてスムーズに移行できる可能性が高い化したディレクターとして、ワーカーさんを育てて行く方がより現実的です。

例えばライティングのジャンルに特化したディレクターの場合、ライターから上がってきた成果物の内容をチェックするのも仕事の一つです。であれば、最初からライティングスキルの高いワーカーさんに絞って探すことで、ディレクター業務に移行してもスムーズに対応することができます。

また、特定のジャンルに特化するということは、ディレクターとして振る仕事も似たような依頼が多くなるということでもあります。同じジャンルであれば、知識やスキルの積み上げもしやすいのもメリットです。

見つからない場合

理想は0から育てる、もしくは依頼経験のあるワーカーさんをディレクターに引き上げるパターンですが、状況によっては「すぐにクラウドディレクターを見つけなければいけない」という場合もあるかと思います。

基本的にはクラウドディレクターを直で募集しても見つかる可能性はかなり低いため、そうした時にはクラウドディレクターの専門業者に依頼するという手もあります。

要はクラウドディレクターの派遣業者で、「ビズアシスタントオンライン（ビズアシ）」などのサービスが代表的です。こちらのサイトには料金は公表されていませんが、私の経験からいうと、クラウドディレ

見つからない場合は外注できる

クラウドディレクターの外注ができるサービス、「ビズアシスタントオンライン」（https://bizasst.jp/client/）

クターは時給制で最低2500円〜と高めですし、時給制といっても最低雇用時間が決められていて、概ね50時間が相場です。つまり、最低でも15万円程度の出費は想定しておく必要があるということです。

私も過去にビズアシに派遣を依頼したことがあります。そのときの経験談として、**「クラウドディレクターの仕事」と**

「時給制」があまりかみ合わないと感じました。

そもそもクラウドディレクターの仕事を細かく分割すると、それぞれの作業自体は、効率よくさばくことができれば数分で終わります。例えば、作業依頼をかけた後に進捗確認をするのは早くても1日後だったりするので、すべての作業が連続しているわけではありません。

つまり、**クラウドディレクターに求められているのは「作業を効率的に流せる人（進捗確認を細かくできる人）」**であり、1日の作業は1〜2時間程度確保できれば十分です。つまり、それ以上の時間を連続で働くような参加の仕方は求められていないのです。

だからこそ、ビズアシではクラウドディレクターをすぐに見つけることができましたが、時給分の労働力は使いこなすことができず、余り効率的ではないと感じたのです。

これはあくまで個人的な感想ですが、そうした理由からも基本的にはクラウドディレクターを育てる方向で進めた方が良いでしょう。

どの作業をクラウドで外注できるのか、相談してみましょう！

自分がクラウドディレクターとして案件を回していくのか、それともスキルのある人材を雇用したり、これから育てていくのか。色々な進め方があることをここまで説明してきました。

どの方法を採用するかに関わらず、「あなたの仕事領域のなかで何をクラウドで外注できるのか」を明確にして、適切に割り振ることが重要です。

育成する場合でも、**クラウドディレクターの業種ごとに効率的な育成方法は異なります。手探りでやってみるのもいいですが、経験者に相談**

するのが最も効率的です。

そういう人が周りにいないよ！という場合も、クラウドソーシングサービスで外注を管理するディレクションの仕事を依頼したい。という書き込み、募集をすると、クラウドソーシングの経験値が高い人を見つけることができます。

例えば、ホームページを作る場合だと、ホームページの制作の経験者、またプロの人に相談したいという募集を出したら、詳しい知識を持っている人がたくさん連絡してきてくれたりするので、あなた自身が特定のジャンルの知識がなくても、知識を持っている詳しい人を探すことができるスキルを身につけることさえできれば、自分ができない作業もできるようになります。

6章

PART 6

AIを活用して外注化を加速させる

外注化においてもAIをフル活用しよう

AIによるビジネスモデルの拡大

近年、AI技術の目覚ましい進歩により、ビジネスにおけるAIの活用が急速に広がっています。これまでAIの主な用途は、文章生成や文字起こしなどの比較的単純な作業に限られていました。しかし、現在では画像、動画、音声、音楽など、様々な分野でAIは活躍の場を広げています。

クラウドソーシングの世界でも、ＡＩを活用した案件が増加傾向にあります。例えば、ＡＩを使った文章作成、画像編集、動画制作、音声合成、データ分析など。これらの案件は、これまではすべて人の手によってのみ行われてきました。それが今では、人力で行っていた案件の一部をＡＩにまかせることで、作業の効率化と品質向上が期待できるようになったのです。クライアントにとってもＡＩを活用した案件は魅力的で、今後はさらに多様なＡＩ関連の案件が増えていくでしょう。

ＡＩの登場により、ビジネスの可能性は大きく広がっています。**これからのビジネスでは、ＡＩをどのように活かせるかを考えることが重要です。**ＡＩを効果的に活用することで、これまでにない新しい価値を創造し、ビジネスを革新していくことができるはずです。

AIを活用し作業時間を削減

では、どのようにしてAIを活用すればよいのか。ピンときていない人もいるかもしれませんね。AIを活用する一番のメリットは、作業時間の大幅な短縮です。さらに言えば、「AI＋人力」の組み合わせが作業を効率化する最大のポイントです。

例えば、文字起こしや翻訳などの単純な作業はAIにまかせます。AIなら短時間で大量の文書を処理することが可能。ただし、AIにも得意不得意があります。仕上がりは人の目でしっかりとチェックしなければいけません。

また、AIが生成した文章や画像は、そのままでは使えないことが多いです。生成後は人の手で修正や編集を加える必要があります。したがって、ＡＩには単純作業をまかせ、人はより創造的な作業に集中するのが理想的ということです。

このように、ＡＩと人の強みをうまく組み合わせることで、作業の効率アップと品質向上の両立が可能になります。

AIを深く学ぶことで様々なビジネス展開が可能

ＡＩの世界は日進月歩で、次々と新しいツールが登場しています。なので、ＡＩについて深く学ぶことが大切なんです。ＡＩの特性をしっかり理解することで、ビジネスにおけるＡＩの活用方法が見えてきます。

例えば、最新のＡＩツールを使えば、これまでにない革新的なサービスやプロダクトを開発できるかもしれません。自動化ツールやチャットボットなどを開発し、ビジネスに活かすことで、新たな価値を生み出せる可能性があるのです。

また、ＡＩツールを活用して業務の効率化を提案するコンサルティングサービスを展開するのも面白いでしょう。クライアントのニーズに合わせて最適なＡＩツールを選定し、導入から運用までをサポートすることで、クライアントの生産性向上に貢献できます。

他にも、ＡＩを使った新しいビジネスモデルを考案したり、ＡＩを活用して社会課題を解決したりと、可能性は無限大です。ＡＩについての知識を深め、アイデアを膨らませることで、新たなビジネスチャンスが見つかるかもしれませんね。

AIを活用して外注化できる業務とは

先ほども述べましたが、クラウドソーシングでもＡＩの案件は増えてきました。ですが、ＡＩの活用が進んだ今、クラウドソーシングに頼らなくても外注化が簡単にできるんです。

例えば、文章作成はＡＩが得意な分野。ブログ記事、広告文、商品説明など、様々な文章をＡＩに生成してもらえます。画像や動画の編集、音声の生成なども、ＡＩにおまかせできる作業です。プログラミングやデータ分析といった専門的な作業も、ＡＩの力を借りれば外注しやすくなります。

ただし、ＡＩはすべてを完璧にこなせるわけではありません。ＡＩが生成した文章や画像は、必ず人の目でチェックし、修正や調整を施す必要があります。また、著作権や個人情報の扱いにも注意が必要です。ＡＩが生成した成果物をそのまま使うのではなく、適切に利用規約を確認し、必要な手続きを踏むことを忘れてはいけません。

ここでは、具体的にどのような業務がＡＩで外注化できるのかを紹介します。是非参考にして、ＡＩを活用した業務の効率化に取り組んでみてください。

文章生成ＡＩを使う業務

レポートや記事、ブログ、広告文など、様々な文章がＡＩで生成可能です。翻訳、要約といった作業もおまかせできるでしょう。

また、ペルソナ設定やコンセプト設計、ＹｏｕＴｕｂｅやゲームのシナリオ作成など、創造性が求められる業務もＡＩが支援してくれます。商品アイデアの生成やプレスリリース作成、求人広告の作成、旅行プランの提案、事業計画書の作成など、とにかく幅広い分野で活躍できるのが文章生成ＡＩの強みです。

画像生成AIを使う業務

画像生成ＡＩを活用すれば、イラストや漫画、絵本など、ビジュアルコンテンツの制作を効率化できます。

ＡＩに指示を与えるだけで、ＡＩ美女のようなオリジナル画像も簡単に生成できるのです。

また、画像のリサイズや切り抜き、色調補正といった編集作業もＡＩにまかせられます。

ただし、ＡＩが生成した画像をそのまま使うのは危険です。著作権の問題があるため、商用利用の確認は不可欠です。

動画生成AIを使う業務

動画コンテンツの制作にも、AIの力が大いに役立ちます。3Dアニメーションの生成や、動画の編集作業をAIにまかせることで、制作にかかる時間とコストを大幅に削減することが可能です。

例えば、AIを使えばカット編集や字幕挿入、テロップ入れなどの作業を自動化できます。

また、VTuberの動きを自然にシミュレートするツールもAIの技術を活用しています。

動画制作にAIを活用することで、制作のハードルが下がり、より多くの人が動画コンテンツに携われるようになります。

音声生成AIを使う業務

音声コンテンツの制作にも、ＡＩが活躍しています。特にナレーションの生成は、ＡＩの得意分野。台本を用意するだけで、ＡＩが自然な音声で読み上げてくれます。

これまでは、ナレーションの収録には専門の声優に依頼する必要がありました。

しかし、ＡＩを使えば低コストで高品質なナレーションを生成できるのです。

ただし、ＡＩが生成した音声をそのまま使うのではなく、人の耳でチェックし、必要な修正を加えることが大切。感情の込め方や強調するポイントなど、細かいニュアンスは人間ならではの感性が必要です。

音楽生成AIを使う業務

音楽制作の分野でも、AIの進歩が目覚ましいです。

楽曲の生成は、すでにAIでもできる時代になりました。

作りたい曲のイメージをテキストで伝えるだけで、AIが自動で楽曲を作ってくれます。

作詞のアイデア出しなら文章生成AIで簡単にできるので、企業やブランドのイメージソングもAIで作ることが可能です。

AIで作った楽曲を人間のセンスでブラッシュアップすれば、より洗練された音楽に仕上げられるでしょう。

コード生成AIを使う業務

プログラミングの知識がなくても、AIを使えばコーディングが可能になります。

チャットボットの自動応答システムや、簡単なプログラムの開発など、AIが代わりにコードを書いてくれるのです。手作業では時間がかかる作業も、AIならあっという間に処理が可能。

例えば、スプレッドシートのデータ分析をAIにまかせることで、膨大なデータから必要な情報を瞬時に抽出できます。

コード生成AIを活用することで、プログラミング業務のハードルが大幅に下がったのです。

AIを活用して外注化できる業務

AIの種類	業務内容
文章生成AI	・レポートや記事、ブログ、広告文章の作成 ・ペルソナ設定、コンセプト設計 ・YouTubeやゲームのシナリオ作成 ・商品のアイデア出しやプレスリリース作成　など
画像生成AI	・イラスト、漫画、絵本、AI美女の制作 ・画像編集作業　など
動画生成AI	・3Dアニメーションの生成 ・動画編集（カット編集、字幕挿入、テロップ入れ）　など
音声生成AI	・ナレーション、YouTube配信の声入れ　など
音楽生成AI	・楽曲の生成、企業やブランドのイメージソング作成　など
コード生成AI	・チャットボット自動応答システム開発 ・簡単なプログラミング　など

ChatGPT（GPTs）の活用方法を紹介

業務の時短が可能になる「GPTs」とは

「ＧＰＴｓ」をご存知でしょうか？　これは、ＣｈａｔＧＰＴを使って作られたアプリケーションツールのことを指します。簡単に言ってしまうと、特定の業務に特化したオリジナルのチャットボットです。

このＧＰＴｓを活用すれば、様々な業務を自動化し、大幅な時間短縮を実現できます。

例えば、特定の文書作成（ブログ記事や論文など）に特化したGPTsを作ったり、アニメ風のイラストを生成するGPTsを作ったりできます。これまで、ChatGPTにひとつずつ細かく指示をしていた内容は学習済みなので、簡単にアウトプットを生成できるのが大きな特徴です。定型的な業務や単純作業なら専用のGPTsを活用するといいでしょう。

ただ1点だけ注意点があります。それは、**GPTsを使うにはChatGPTの有料アカウント（月額20ドル）が必要になる**ということ。しかし、その投資は業務の生産性向上という形で必ず回収できるはずです。

ＧＰＴｓの活用は、これからのビジネスに欠かせない要素となるでしょう。今のうちからＧＰＴｓについて学び、活用方法を模索することが大切です。ＧＰＴｓを味方につけて、ビジネスの可能性を広げていきましょう。

ＧＰＴｓ検索サービスを活用すれば業務効率がアップする

ＧＰＴｓを活用するには、まず目的に合ったＧＰＴｓが必要です。そこで活用したいのが、ＧＰＴｓ検索サービスです。ＧＰＴｓ検索サービスを使えば、世界中のクリエイターが作成した多種多様なＧＰＴｓを探すことができます。

例えば、次のようなＧＰＴｓがあります。

・「AiPDF」PDFファイルを要約してくれるGPTs
・「Consensus」論文検索に特化したGPTs
・「Canva」プレゼンテーションやロゴ、SNS投稿用のデザインを編集するGPTs
・「Best Custom GPTs」用途に合わせたGPTsを探してくれるGPTs

他にも文章作成に特化したGPTsや、画像作成に長けたGPTsなど、様々な用途のGPTsを見つけることができます。GPTsの使い方は直感的で、AIに苦手意識がある人でも簡単に扱えるケースが多いです。

チャット形式で会話するだけでGPTsが自動で処理を行い、結果を返してくれるのです。

また、自分で作成したGPTsを検索サービスに登録することもできます。登録することで、他のユーザーに自分のGPTsを使ってもらえるようになります。

優れたGPTsを作成すれば、多くのユーザーに利用してもらえるかもしれません。

一部のユーザーだけでGPTsを共有する機能もあります。同じ業務に携わるチームメンバー間でGPTsを共有すれば、業務の効率化を図れます。メンバー全員が同じGPTsを使うことで、作業を標準化することも可能です。

有効なGPTsを見つけ、うまく活用することで、業務の自動化と効率化を実現できるでしょう。

GPTsを利用した業務

GPTsは、様々な業務で活用できます。ここでは、GPTsを利用した具体的な例を見ていきましょう。

「オウンドメディアでSEO記事を作りたい」といったケースでは、まずSEO記事のライティングをサポートするGPTsを使います。チャット形式で必要な情報を入力するだけで、自動で記事の原稿を生成します。ペルソナの選定から、文章の構成、タイトルまで、すべてGPTsにおまかせです。

サムネ用の画像が必要な場合は、画像生成GPTsを使いましょう。最後は人の目でチェックをして完成です。記事を短時間で作成できるので、業務の効率が格段にアップします。

ＧＰＴｓの機能を組み合わせれば、高度な分析も可能です。例えば、投資の分野では、株価の予測や銘柄の選定をサポートするＧＰＴｓがあります。過去のデータを分析し、未来を予測するのです。

ＳＮＳの運用に特化したＧＰＴｓもあります。ＳＮＳの投稿内容を提案したり、最適な投稿時間を教えてくれたりと、ＳＮＳ運用をサポートしてくれます。フォロワーのエンゲージメントを分析し、効果的な施策を提案してくれるＧＰＴｓもあるとか。

占いや恋愛相談など、エンターテインメント系のＧＰＴｓも人気です。ユーザーの悩みを分析し、的確なアドバイスを提供します。専門家のような鑑定結果を、ＧＰＴｓが瞬時に導き出すのです。

英語で作られたGPTsも、日本語で利用できるのが嬉しいポイントです。指示を日本語で与えるだけでGPTsが自動で英語から日本語に翻訳してくれるので、英語が苦手な人でも安心して使えます。

このように、単純作業の自動化から高度な分析まで、GPTsの活用方法は多岐にわたります。何ができて、何ができないのか。GPTsの得手不得手を知った上で、業務に取り入れましょう。

6章まとめ

第6章では、ＡＩの活用によりビジネスの可能性が大きく広がっていることを感じていただけたのではないでしょうか。

クラウドソーシングではＡＩの案件が増加傾向です。そしてＡＩの進歩が目覚ましい現代では、自社内の業務外注化は容易なものになりつつあります。文章作成、画像・動画編集、音声生成、プログラミングなど、ＡＩに任せられる作業は多岐にわたります。

まずは自社のニーズに合った生成ＡＩを実際に触ってみてください。きっと新しい発見があるはずです。

7章 PART 7

ビジネス事例、全部見せます

分業すれば、どんな仕事でも受けられる

さて、最終章となる本章までに、次の項目について解説を行ってきました。

- **そもそもクラウドソーシングってなんなの？**
- **クラウドソーシングで依頼できる仕事と事例**
- **クラウドワーカーを取りまとめる「クラウドディレクター」**

皆さんの取り扱う業務のうち、少しでも依頼したいことがあればクラウドソーシングを活用することで、コストを極力控えつつ生産性を各段に上げられることや、クラウドディレクターを活用、もしくは育て上げることができれば、ビジネスの幅が大きく広がることなどを理解していただけたかと思います。

では、実際にクラウドソーシングを利用して、どのようなビジネスが展開できるのか？　と疑問に思った方や、自分にはなんの取り柄もない……と思われている方でも、これからお伝えする内容を理解頂ければ、自分に知識がなくてもビジネスを立ち上げることができるようになりますので、頭の体操だと思って事例を御覧ください。

再現性の高い代表的な事例を、この6章ではお話していこうと思います。

※もちろん、掲載している以外のビジネスにも対応できます。

1）ウェブサイト運営
2）営業代行サービス作成
3）YouTubeチャンネルの運営
4）広告運用代行

この4つの例を紹介したいと思います。

もし今後「クラウドソーシングを活用したい」と思っている場合にアレンジできる汎用性があるので、是非参考にしてみてください。

ウェブサイトの運営

例えば皆さんが普段目にする「ウェブサイト」にはオウンドメディアや、ブログ、求人サイト、不動産サイトなど色々な種類がありますが、クラウドソーシングを活用することで、専門的なウェブの知識がなくてもすべて受注できるようになります。

その辺にある、広告代理店も自社で制作チームを持っているところはほとんどありません。広告代理店なのですが、ウェブサイトの制作依頼を受託して、それを外注のパートナー（個人または企業）に投げているのが実情です。

では、実際にウェブの知識がない初心者は、どのように対応していけばいいのか？　について話をしていきます。

事業立ち上げに際して、ポイントになるのが「分業」です。ウェブサイトを展開する場合に必要な要素としては、

①サイトの構築（サイトを動かすための基礎部分、目に見える部分を装飾するコーディングなど）
②サイトのコンテンツ（記事など）

③サイトの運用（コンテンツの投稿、更新）

ほとんどのケースでこの3つは共通しています。

本書をここまで読んでいただいた皆さんであれば、もう次に言いたいことはわかるでしょう。そうです、この3つを「外注」するわけです。

例えばオウンドメディアやブログを運営する場合、①はＷｏｒｄｐｒｅｓｓというレンタルブログサービスを使えば、データベースの管理からデザインまですべて賄うことができます。

仮にあなたがＷｏｒｄｐｒｅｓｓを使うことができなくても、クラウドソーシングでＷｏｒｄｐｒｅｓｓを使ったサイト作成が得意な人に外注すれば解決します。

また、②も3章で紹介したようなライターさんに発注すれば、自分で記事を書かなくても簡単に量産することができますし、そもそも「何を

ウェブサイト運営に必要な3要素

①	②	③
サイトの構築	**サイトのコンテンツ**	**サイトの運用**
サイトを動かすための基礎部分、目に見える部分を装飾するコーディングなど	記事など	コンテンツの投稿、更新

↓

これらの3つの作業を分けて外注する

書いてもらうか」で悩むのであれば、それもディレクターを見つけて発注すれば考える必要もなくなります。

つまり、究極的には「どんな情報を発信するか決めること」さえも外注化することができるのです。

ちなみに、Wordpressの場合は、コンテンツを投稿して初めて外部から見ることができるようになります。そのため、「17：00までに○○本を投稿」というように、記事をWordpressに投稿する人も外注してしまえば、コンテンツの投稿・更新も自動で行うことができるようになります。これが先程の③です。

私の経験からですが、①〜③の予算感としては次のようになります。

①作りたいウェブサイトのテーマと似た実績を持つワーカーさんに依頼することができれば、概ね5万円程度から発注することができます（もちろん、クオリティーにこだわってもっと高い金額での発注も可能です）。

②記事発注については内容にもよりますが、概ね1文字1円という条件でも応募は十分集まるので、2000文字想定で1記事2000円程度です（内容によっては、1文字、0.5円程度でもライターはわんさか集まります）。

③は1投稿につき100円程度と考えておけばよいでしょう。

ウェブサイト構築における予算感

① サイトの構築	作りたいウェブサイトのテーマと似た実績を持つワーカーさんに依頼できた場合 約5万円
② サイトのコンテンツ作成	2000文字想定で1記事2000円程度
③ サイトの運用	1投稿につき100円程度

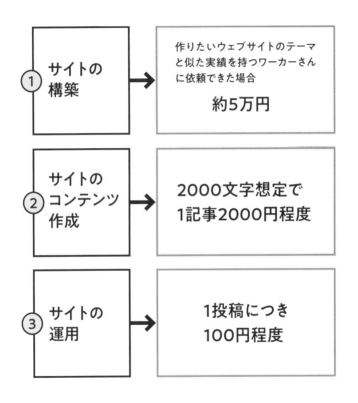

この基本的な仕組みさえ把握できていれば、どんなウェブサイトでも作成可能です。例えば映画やドラマ、漫画の感想や批評を行うサイトがありますが、これもWordpressを利用して掲示板サイトを作成すればよいのです。

少し違うのがコンテンツの中身で、これはライターさんに書いてもらうわけにはいかないので、別の方法をとる必要があります。具体的には「アンケート」を活用します。

2～3章で紹介したように、映画やドラマ、漫画などを読んだ感想は1件あたり10円くらいの費用でたくさん集まります。

これをサイトに反映することでユーザーからの投稿を充実させることができます。

これらのサイトを立ち上げてマネタイズできれば、アドセンスやアフィリエイト報酬を狙うこともできますし、上手くいけば企業にバイアウトすることで、1サイトで数億円の利益を得られる可能性もあります。

ここまでは、単純なウェブサイトを作るお話でした。ただ、ウェブサイトを作ると言っても……という方もいらっしゃるかと思います。


安心してください。

もし、これらのウェブサイト系の業務について詳しくなければ、詳しい人を探してください。つまり、クラウド上で、ディレクションだけできる人＝担当者を探すのです。月額契約じゃなくても構いません。

会社内でも、担当者という、その領域についての詳しい人＝窓口を作りますよね？　それと同じように、クラウドワーカーの中で自分の代わりに交渉などのやり取り、日々の進捗管理をしてくれる方をスポットで契約すればいいのです。

例えば、ウェブサイトの構築の見積りを30万円で取る。

この30万円の内訳は次の通りです。

ディレクター：3万円
ウェブサイト構築：5万円
記事発注、記事導入：2万円

このように作業を分けて外注することができれば、原価10万円で30万円の仕事を受注することができます。

つまり、これで、20万円の利益達成ですね。

皆さん、自分でできる業務の範囲でしか仕事を作らない方が多いのですが、自分のできないことはできる人に依頼する。単純にこの発想を持ってクラウドソーシングを活用すれば、無限大の可能性があります。

営業代行サービス

さて、次は「営業代行サービス」の展開事例です。

皆さんには少し馴染みがないかもしれませんが、自社などのウェブサイトに「問い合わせフォーム」を持っていると、企業からメールや電話で営業を受けます。

多くは「新規サービスの立ち上げをしたのですが、いかがですか？」「インタビューした内容をWEBサイトに載せるので是非！」といった内容ですが、こうした活動を通じて、自分たちの商品を買ってもらえるかもしれない「見込み客」を探しているのです。

ただ、企業側が本当にやりたいのは、自分たちの商品を買うか買わないか決める「商談」であり、見込み客を探す作業は手間がかかります。

アナログな会社は、社員やアルバイトを雇って、問い合わせメール大

営業代行サービスの分業例

① メールを送付する企業のリスト集め

問い合わせフォームを持つ企業のリストを集めてデータ化

② メール用の文面作成

自分で作成もできるが、ライターさんに外注して作成してもらうこともできる

③ 集めたリストに対して営業

自分からpushするパターンでも、返信を待つパターンでもOK

作戦を実行しているようですが、これらの作業をクラウドソーシングを使って対応させてしまうことは簡単です。

では、営業メール大作戦を自分たちでクラウドソーシングを利用して実施する場合、どのような流れにすればいいのでしょうか。分業して考えてみましょう。

具体的には、①まずメールを送付する企業の

リスト集め、②メール用の文面作成、③集めたリストに対して営業する、この3つの作業に分業することができます。

①では、2~3章でも何度か出てきた「リスト収集」の事例のように、案件のテーマに応じて問い合わせフォームを持つ企業のリストを集めてデータ化します。

②では、文面を自分で考えることもできなくはないですが、複数の案件などを受け持つ場合は、営業メールなどの作成に長けたライターさんに依頼する手もあります。

③「送り先リスト」「文面」が揃ったら、集めたリストにメールを送付します。これもクラウドソーシングで外注可能です。

これらの作業をすべて外注化して行うだけです。

あなたは、この問い合わせメールからの反響を待つだけ。

例えば、メール返信であれば、メールをチェックすればよし。

電話がかかってくるのであれば、電話に出て対応すればよし。もし、メールのチェックができない、電話のチェックもできなければ、クラウドソーシングを利用し、オンライン秘書を採用してやり取りを代行してもらえればいいでしょう。

この例だと、PULL型の営業スタイル＝待ちの営業スタイルですが、もし、PUSH型＝攻めの姿勢で営業したい場合は、問い合わせフォームから営業メールを送ったところに、「問い合わせフォームから案内を遅らせて頂いた○○ですが、ご覧頂けましたでしょうか？」のような、商談のアポイントにつなげるテレマーケティングをすればOKです。この人材も、クラウドソーシングを利用して確保することもできます。クラウドソーシングで電話を受けてもらう人を募集し、「1コールあたり○○円」という契約をすればコールセンター的な業務も請け負ってもらえるということです。インセンティブがつけられる案件であれば、インセンティブをつけてあげてもいいですね。

①〜③だけでも需要はありますし、それに＋αでテレマまでできるチームを作ることができれば、単純にそれだけでも十分ビジネスになります。

また、仮に自分の会社やビジネスで「売りたいもの」がある場合にも効果的です。もしなければ、営業代行会社もできちゃいますね。

YouTubeチャンネル運営

本書ではこれまで何度か出てきている「YouTube」に関して、既に分業のやり方は解説していますが、ニーズがあるジャンルだと思うので、改めて説明しておきます。

まず、YouTubeチャンネル運営に必要な作業は、大きく分けて次の3つです。

①撮影
②台本・シナリオ作成、編集
③動画の更新

動画のテーマによっては、ほかにナレーションやアニメーション作成などが加わります。

ＹｏｕＴｕｂｅについては、運営するチャンネル数が少なければ①～③をすべて自分がディレクションして完結させるのも一つの手です。ただ、台本を考えて、撮影して、編集して……となると、本当の意味でのクリエイターになってしまいます。

あなたがやるべきなのは、自分がクリエイターになることではなくて、ＹｏｕＴｕｂｅにアップするための動画がなるべく自分の労力をさくことなく、ほぼ自動的に作れるようにすることです。

YouTubeのチャンネル運営といっても、いろいろなジャンルがあるので、そのジャンル毎に外注化戦略が変わってきます。

例えば自分が表に出て、ひとり語りをするチャンネルの場合です。

①動画の内容として喋りたいことを箇条書きで書き出す。＝自分

②箇条書き項目をパワポ化してもらう＝外注A

③パワポを元に収録する＝自分

④動画を編集・アップしてもらう＝外注B

このように、自分でやらないといけない仕事はゼロではありませんが、分業することによってあなたは、しゃべる内容を考え、動画を収録する。この作業だけに特化してできるようになります。

エンタメ系のチャンネルの場合

自分で撮影して編集する場合の工程は非常にシンプルです。

①自分で撮影する
②動画を自分で編集する or 動画編集を外注化する

この2つなのですが、このケースでよくあるのが、「動画は撮ったけど、うまく編集ができない……」というパターンです。このような状況の人を見つけたら、「私が動画編集やるよ!」と言って仕事を受注してしまいましょう。

実際には、あなたが編集するのではなく、連絡の取れる編集マンに動画編集を依頼するだけなのですが、これが結構いい利益になるのです。

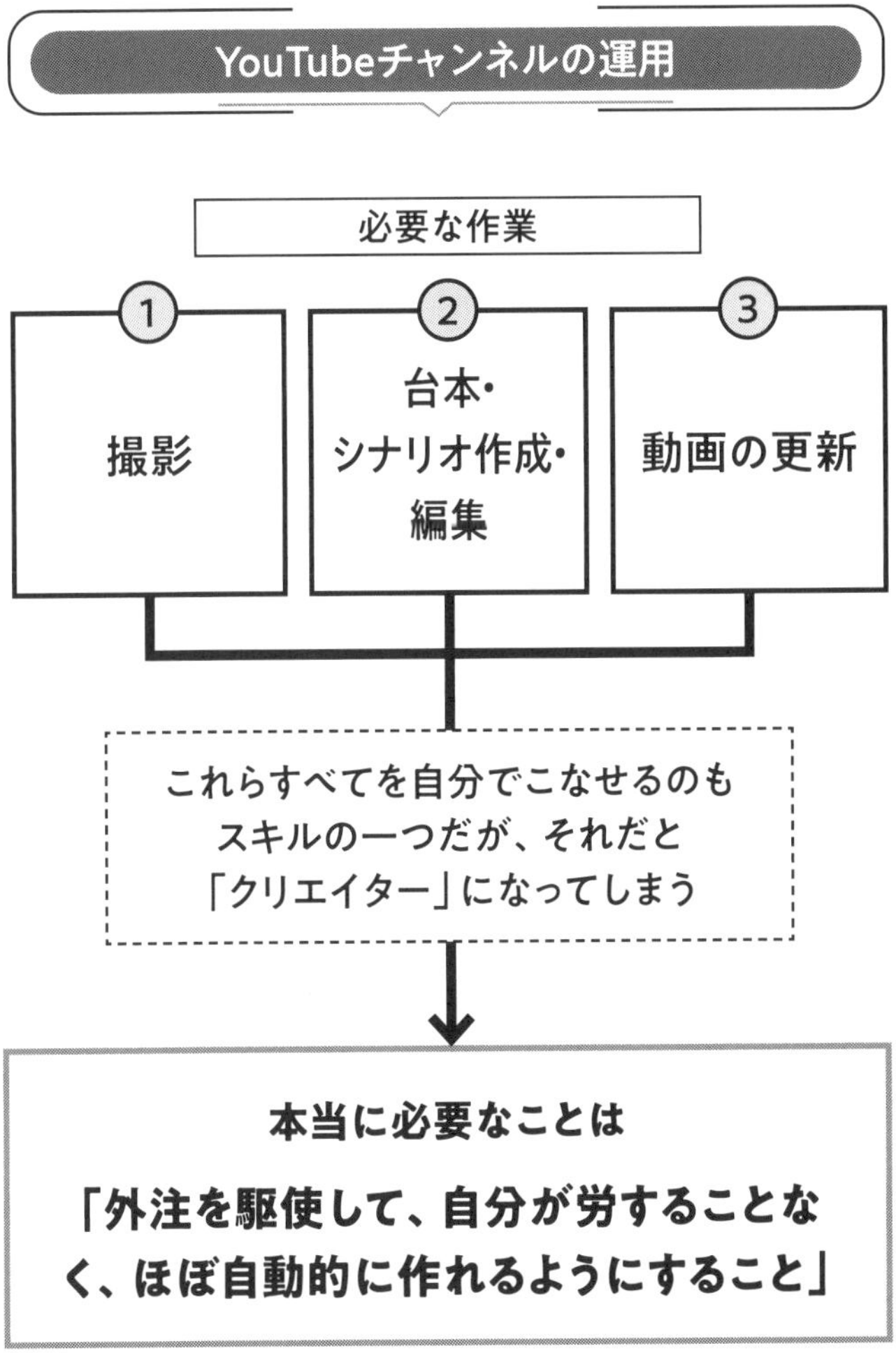
YouTubeチャンネルの運用
必要な作業
① 撮影
② 台本・シナリオ作成・編集
③ 動画の更新
これらすべてを自分でこなせるのもスキルの一つだが、それだと「クリエイター」になってしまう
本当に必要なことは
「外注を駆使して、自分が労することなく、ほぼ自動的に作れるようにすること」

その場合、次のような流れになります。

①収録してもらった動画データをもらう
②動画編集を外注化する

エンタメ系の動画編集の場合、1本あたり1万〜3万円くらいが相場価格です。これらを、クラウドソーシングを使って動画編集マンを探すと1本あたり5000円以下で対応してくれる人たちがたくさんいます。ですので、これらの動画制作案件（単発）でも、YouTubeチャンネルの運営代行などでまとまった仕事をもらえたりすると、結構な金額を稼ぐことができるようになります。

YouTubeは、自分が出演しなくても、既存のチャンネルを持っている人に、アニメーションパターンをいくらで作りますよ！と営業をしたり、あなたの生い立ちをグラフィックレコーディングで作りますよ！　とか、#Shortの動画を作りますよとか、いろいろな切り口で営業すれば仕事はいくらでも作れます。

営業方法は、この6章で記載したように、外注営業マンスキームを使えば実践できますよね。このように、これまでにお話した内容を応用すれば、何でもできてしまうのが、クラウドソーシングの魅力です。

広告運用代行

ここでの「広告」とは、ウェブやSNSに出稿する広告のことで、その運用を代行するのが「広告運用代行」のビジネスです。

ウェブやSNSの広告は、出稿後でもデータ分析やテキストの調整によって検索率やクリック率等を上げることができます。そのため、いわわゆる「出稿したら終わり」ではなく、広告の「運用」が必須になってきます。ただし、運用もスキルが必要ですし手間もかかることから、広告主にとっては面倒な作業なので、これを代行する「運用代行」に需要があるわけです。ただ、需要があるからといって「広告運用代行のノウハウを身につけましょう」と言いたいわけではありません。

察しの良い方なら気づいているかもしれませんが、ここで言いたいのは「広告運用代行をできる人を探しましょう」という話です。

一般的な運用代行を行う企業であれば広告費の20％程度の手数料を取りますが、個人であれば10％程度でも受ける人はいます。

ですので、あなたがやることは、そうしたワーカーさんに振ることができるような仕事を取ってくるだけです。

例えば私の知り合いには、広告運用の予算が月に3万円程度しか出せないクライアントだけにターゲットを絞って、１人で１５０件も回しているワーカーさんがいます。

では、なぜ月３万円×１５０件も仕事を受注できているのでしょうか？

その理由は簡単です。企業として広告運用を受ける場合、最低でも広告予算が月あたり30万円以上ないと手数料が20％＝６万円の利益を獲得することができません。

ただ、私の知り合いは、この月30万円の広告費を支払うことができないような、予算感の少ないクライアントに月３万円（企業によって変動あり）という固定金額を提示して広告運用を受注しているのです。

実際に、私もいろいろな広告運用をこの方に依頼しています。

例えば、他社から月あたり固定で20万円などで広告運用の受注をして、この方に広告運用代行を月に５万円でお願いしたとしたら……それだけで月15万円も利益を出せてしまいますよね？

もし、月広告予算を1000万円使ってくれるところであれば、20%のフィーをもらえた場合、月200万円の利益。この方に、例えば30万円で依頼したとしても、170万円の利益が残る計算となります。

こうした人材を見つけることができれば、自分に運用の知識がなくても十分にビジネスとして成り立ちます。

あなたが何もできなくても、ビジネスは回せる

さて、ここまで4つの事例を通じて、クラウドソーシングをどのように応用していくのかを紹介してきました。

業務を外注することで、様々な応用の仕方があることを理解いただけたかと思いますが、ここで最も重要なのが「外注するスキルさえあれば、業務の専門性がなくともビジネスができる」という点です。

例えばトヨタ自動車の社長である豊田章男氏の仕事は、製造現場で車を作ることではなく「会社の方向性を決めること」です。どんな企業でも、社長が1から10まですべての作業を担当することは不可能ですし、反対にしっかりと分業ができていれば会社は回ります。

これは外注を活用したビジネスも同じで、あなたが専門的なスキルを持っていなくても、専門家に依頼できるスキルさえあれば、どんな案件でも受けられるようになるのです。

だからこそ、ここまで本書を読んでいただいた皆さんには、「自分の専門外のビジネスでも十分に挑戦する価値がある」ということを理解して欲しいのです。

おわりに

終身雇用が崩壊したこれからの時代
人生は「自分で切り開いていくもの」

本書を最後までお読み頂き、誠にありがとうございました。
クラウドソーシングをうまく活用することで、新しい未来を切り開けるというこ とを実感頂けましたでしょうか。

コロナ禍を経て、我々の「働く環境」は大きく変化しています。
これまでは、優良企業に就職し、そこで定年まで働くことが日本人が共有していた「働くこと」の価値観でした。

しかし、現在では大企業であっても「終身雇用制度」を当てにしていられるようなビジネスパーソンは徐々に少なくなってきています。

これからの時代は、生きていくためのスキルを持ち、人生を自らの手で切り開いていくことが必要なのです。

ただし、スキルが必要だからといっても、何かを「一人で」「ゼロから」勉強するのは非効率です。

これだけＩＴ技術が進歩し、スマホ一つで簡単に人とつながれる今だからこそ、能力のあるビジネスパートナーを見つけて「共創」していくべきなのです。

特にコロナ禍では、「リモート」でビジネスが成立するようになりました。Ｚｏｏｍさえあれば広がりを作ることができる。そんな環境だからこそ、ウェブ上で完結するビジネスを構築できる能力を手に入れるべきなのです。

外注パートナーと協力することで雇用契約に縛られることなく、コストを限りなく押さえることができます。

私の思いとしては、自分自身でスキルを持っていないという方でも、ディレクションという立場、つまり本書でも何度もお話してきた「クラウドディレクター」という新しい仕事の形にチャレンジし、是非成功して頂けたら非常に嬉しく思います。

もちろん、自分が体験・経験したことがない仕事をこなすことはとてもハードルが高く感じられ、スタートするのが難しいかもしれません。ですが、自分にできないことがこなせる最強のチームをクラウドソーシングで構築できる、それがクラウドディレクターなのです。そう考えると、ワクワクしてきませんか？

自分ができないこともチームワークでこなしていく。今まで会社組織として当たり前のようにチーム組成していたことが、クラウドだけでも十分に成り立ちます。

本書を読むことで、そんなクラウドソーシングチームをあなたが組成するきっかけになってもらえればと思います。そんなビジネスモデルを読者の皆さん自身が構築できるようになることを、私は心から願っています。

そして、そんな私も皆さんとつながり、これからの時代を共に生き抜くビジネスパートナーとして、「共創」していきたいと考えています。

山本智也

山本智也（TOMOYA YAMAMOTO）

1983年兵庫県生まれ、近畿大学卒業。小さい頃から経営者である父親の影響を強く受け、小学生からビジネスを始める。高校時代には独学でプログラミングを学習。大学時代はネットショップの運営や、広告代理業、ホームページ作成代行のサービスを始め、月収100万円超に。大学卒業後、独立を視野に入れながら人材派遣会社に入社、副業が給料の5倍になり、わずか3ヶ月で退社、23歳で会社設立を果たす。2020年には、「ハンドスピナー」、壁にくっつくスマホケース「WAYLLY」などを手掛けたケースオクロック社を売却。現在は年商10億円超となりグループ10社をまとめる。

事務局の鈴木

外注特化型ビジネスコミュニティ「OMC」運営責任者。苦手な読書感想文をクラスメイトに2,000円払って課題を完成させるなど、幼少期から積極的に外注する。学生時代の夏休み、長期の旅に出たことをきっかけに、好きなことをやり続けるためには「お金と時間、両方が必要」だと気づき、真剣にビジネスを学び起業する。山本氏に多大なる影響を受け、ほぼ作業することなく外注組織で完結させた会社を複数経営している自由人オーナーに。新規で立ち上げたペット事業は、創業1年で年商1億円超えし、現在は社長ポジションも外注している。バックオフィスの自動化構築、業務改善コンサルティングを得意とする。

外注化／仕組み化の **業務効率UPの教科書**

2024年6月15日　初版発行

著者／山本智也、事務局の鈴木

印刷所／中央精版印刷株式会社

発行・発売／株式会社ビーパブリッシング
〒154-0005　東京都世田谷区三宿2-17-12　tel 080-8120-3434

ISBN 978-4-910837-49-9　C0034

※本書は2022年5月刊「副業で年収1億円！業務外注化の教科書」（ビーパブリッシング）の内容を一部刷新したものです。あらかじめご了承ください。